ISBN: 9783749498796

ISBN: 9783957050120

ISBN: 9783957080301

ISBN: 9783749498000

Besucht uns auf:

Website: https://cityfarm-augsburg.de

Facebook: CityFarm Augsburg

Instagram: ildi_von_der_cityfarm

Youtube Kanal: CityFarm Augsburg

Auf unserem Youtubekanal gibt es einen Rundflug über die CityFarm!

„Urban Gardening mal anders" ISBN: 3957050189

Bibliografische Information der Deutschen Nationalbibliothek: Die Deutsche Nationalbibliothek verzeichnet diese Publikation in der Deutschen Nationalbibliografie; detaillierte bibliografische Daten sind im Internet über *dnb.dnb.de* abrufbar.

ISBN: 9783752620825
Herstellung und Verlag: BoD – Books on Demand, Norderstedt

Untergang und Wiederauferstehung

Das alte Gelände nahe der Kläranlage wurde vom Advocatus Diaboli persönlich aufgekündigt. Die Auszugsfrist rückte unaufhaltsam näher und immer noch war kein alternatives CityFarm-Gelände in Sicht. In einer Hauruckaktion von uns wohlgesonnenen Stadträten, Tiefbau-, Liegenschafts-, und Grünordnungsamt kam es unter den herbstlichen, beinahe schon kahlen Apfelbäumen des zum Tode verurteilten Idylls zum Showdown.

Es war einmal… Ein blühender Garten!

Meine Stadt, unser aller Augsburg wollte nicht, dass unsere kleine aber feine Bildungseinrichtung stirbt. Nach ermüdenden Begehungen verschiedener Ausweichstandorte, die allesamt entweder in Bauerwartung standen, oder bereits für Wohncontainer verplant waren, prescht ein uns zugeneigter städtischer Mitarbeiter voran. „Wie wäre es denn mit dem Gelände im Gablinger Weg? Platz ist ausreichend vorhanden, der Untergrund für städtische Zwecke nicht nutzbar und der Einzugskreis Oberhausen gewährleistet. Hatten wir euch diese Ecke nicht schon einmal angeboten?"

Im hintersten Hinterstübchen klingelte etwas. „War das nicht die alte Kiesgrube? Haben wir uns nicht dagegen entschieden, weil es so weit ab vom Schuss ist und soviel Kram rumliegt?" Dunkel dämmerte mir, dass dies jetzt unsere letzte Möglichkeit war in Kooperation mit der Stadtverwaltung eine neue CityFarm 2.0 in die Kinderschuhe zu helfen. Diesen Olivenzweig mussten wir beinahe schon ergreifen. Ildi preschte umgehend mit einem gut durchdachten Einwand vor. Die Fleißige hatte für diesen Fall extra recherchiert wie weit man für Gemüseanbau von den darunter liegenden Altlasten weg müsste: „Dann benötigen wir aber auch ein paar LKWs mit Mutterboden!" Etwas kleinlaut kam zögerlich eine Antwort. „Mit guter Erde aufschütten sollte kein Problem darstellen. Wir hätten gerade sowieso eine Baumaßnahme bei der wir nicht genau wissen wohin mit dem Abraum. Den könntet ihr haben, und schon seid ihr untergebracht. Ist das nicht ein Angebot?" Stumm nickte sich das frisch vermählte Ehepaar Vogt zu.

7

„Bevor wir zuschlagen, würden wir uns das Gelände gerne anschauen. Am besten fahren wir gleich mal hin." Kaum war der Satz laut ausgesprochen rumpelte die Cityfarm eigene Flüsterpost los. In Windeseile verbreitete sich unter unseren Mitstreitern die Nachricht, dass man sich JETZT im Gablinger Weg in der Sackgasse bei den Krötenbiotopen trifft.

Hier war einst unser Eingangstor!

Als wir angeradelt kommen, tummeln sich bereits zwei Handvoll unserer fleißigen Helfer mitsamt Kind und Kegel auf der erstaunlich gut gepflegten Wiese gegenüber unseres Hoffnungsträgers. Wir bleiben ziemlich gerührt stehen. Alle unsere Mitstreiter sind da. „Ist es das?" Frage ich etwas schockiert. Das Erste was mir wortwörtlich nicht ins Auge, sondern ins Ohr sticht, ist der Umgebungslärm. Einen

8

Steinwurf entfernt rauschen tausende Autos über eine doppelspurige Bundesstraße, dahinter quietschen im Fünfminutentakt Züge aller Art über Gleise, deren Geräuschkulisse nur übertroffen wird vom Piepen und Krachen des Container-Umschlagbahnhof der benachbarten Großspedition. Dort türmen sich gigantische Containerstapel die von ebenso gigantischen Maschinen unter lautem Quietschen rangiert werden.

Meine Liebste nimmt es locker: „Wie schön! Hamburger Hafen Stimmung. Stell dir doch vor die Bundesstraße wäre Meeresrauschen, dann wird es schon gehen!" Nicht nur meine Aufmerksamkeit schweift über die zukünftige Scholle. Jedermann mustert unser nicht mehr ganz so jungfräuliches Domizil der neuen Farm. „Ach du meine Güte!" Mannshoher Goldruten- und Weidenaufwuchs soweit das Auge reicht. Am Eingang prangert eine nicht zu übersehende zu zwei Dritteln ausgebrannte Stadelruine. Zusammengebrochene schwarze Balken türmen sich auf einem massiven stahlarmierten Betonfundament. Halb verbrannten, bereits zu schlammiger Erde gewordenen Heuballen liegen kreuz und quer. Das damals von der Feuerwehr aus den Angeln gerissene Vollmetall-Gattertor hängt mit etwas Draht notdürftig geflickt, schief im kalten Herbstwind. Wir bahnen uns einen Weg durch das widerspenstige Gestrüpp. Als ich über den dritten illegal entsorgten Autoreifen stolpere, wird schnell klar, dass die Domestizierung dieses Brachlandes keine leichte Aufgabe werden wird. Halb schon im Boden verschwundene Pflastersteine liegen wahllos verstreut herum, aus denen etliche Schwielen und Blasen später, einen Meter höher über

9

„Normal Null", ein wunderbarer Weg entstehen wird. Einziges Bauwerk sind windschiefe, merklich in die Jahre gekommene, ziemlich wackelige Pferdeboxen. Das Holz findet noch die schönste aller Verwendungen, Upcycling zur Interimswerkstatt. Aber zuvor stehen noch weitreichende Entscheidungen an. In großer Runde halten wir Kriegsrat. Ich mache den Anfang. „Um ehrlich zu sein, hege ich gehörige Zweifel... Das wird uns Jahre unseres Lebens kosten!" Die Runde winkt meine Bedenken kategorisch ab. „Vielleicht, doch werden das wirklich schöne Jahre! Also ich bin voll dafür! Lasst es uns anpacken!"

Gemeinschaftlich entschieden wir uns für den Wiederaufbau der CityFarm. Dann ging alles Knall auf Fall. Schon eine Woche später rückte ein für solche mähgefährlichen Unwägbarkeiten geeigneter großer Aufsitzmäher der Firma Wüst an und machte den Acker zumindest einmal begehbar. Zuvor mussten aber alle Büsche gerettet werden, was sich als nicht ganz so einfach herausstellt. Der massenhaft und illegal verklappte Maschendraht erschwerte das Vorankommen, weswegen etliche der verwachsenen Wurzelgebilde zurückbleiben mussten.

Wir hatten zwar von den 7000 Quadratmetern Fläche nur 1500 gepachtet, doch schien es niemanden zu stören, wenn wir den Rest auch noch bewirtschafteten. Zur Freude der Kinder durfte Benni sich nämlich das schnittstarke Gefährt entleihen und auf dem hinteren Teil mit dem „Mäh- und Mulchmonster" ein Labyrinth in den Goldrutendschungel modellieren. Sowohl unsere Hunde, als auch unsere kleinsten Gäste hatten darin noch über Monate hinweg

„Versteckusspaß". Das ging trotz, dass unsere Kleinsten regelmäßig in die Brennnesseln plumpsten. So manches Geheul drang bestimmt bis zum nahe gelegenen Gaskessel.

Da die Aufschüttung sicherlich bis in den Frühling auf sich warten lassen würde, brauchten wir dringend eine „Zwischen-CityFarm". Die nicht ganz unbegründete Angst vom alten Gelände mit brachialen Rechtsmitteln herausgeklagt zu werden, trieb uns unerbittlich voran. Dieses Damoklesschwert sollte um nichts in der Welt auf uns niedergehen. Aber eine offensichtliche, vermeintlich einfache Lösung stand schon parat. Was bot sich für eine Palettenhütte besser an, als das noch von dem abgebrannten Stadel übrig gebliebene Betonfundament? Doch das müsste „Mann" erst mal räumen. Einen vollen Tag ackerten sich deshalb vier gestandene Kerle an dem verkeilten, armierungs- und nägelgespickten Eichenbalken mit Motorsäge und Äxten ab. Mehrere abgerissene Stiele und stumpf gefahrene Ketten später, mussten wir einsehen, dass das Vorhaben „Balken aus der Asche" ohne schweres Gerät nicht umzusetzen war. Was in Gedanken ganz einfach klingt, ist manchmal in der echten Welt alles andere als realistisch. So auch der etwas mittelalterliche Gedanke die Betonfläche von Hand abräumen zu können.

Früher muss an dieser Stelle eine wirklich massive Hütte gestanden haben, die mit Heu und Stroh gefüllt war, dann aber lichterloh abbrannte. Im Laufe der Zeit verwandelten sich die verkohlten Reste teilweise zu Erde, sodass verklebte Erd-Kohle-Haufen auf dem Fundament entstanden. Diese werden wir noch als besten Dünger für Kürbisse zu nutzen wissen.

Dreckige Schinderei!

Ein guter Freund, seines Zeichens Panzerschlosser sprach die unumkehrbare Wahrheit aus: „Für den Sauhaufen gibt es nur eine Lösung. Ein Minibagger muss her!" Wie Recht er hatte. Mit Einsatz der motorisierten Grabmaschine wäre die Fläche innerhalb eines Tages von allem Unrat und Erde befreit gewesen, hätte ich als ungelernter, dilettantischer Baggerführer nicht sämtliche Ölschläuche aus der Verankerung an der Schaufel gerissen. Zwischenzeitlich spritze eine regelrechte Fontäne besten Hydraulikgetriebeöls umher, sobald man den Motor anließ. Erst mit dem Einsatz unseres „hauseigenen Kühlmitteltechnikers" konnte der Schaden behoben werden.

Ronja bestaunt unser Tagwerk!

Kaum eine Woche später türmte sich, dank der erlesenen Baggerqualitäten unseres neusten Wildfangs, einem Versicherungsvertreter, ein großer Haufen aus Holzkohlebohlen am Eingang. Die kläglichen Überreste des alten Stadels.

Umzug mit Hindernissen

Unverhofft überraschte uns Mutter Natur mit einem starken Wintereinbruch, der unsere Mobilität zum Erliegen kommen ließ. Es blieb uns nichts anderes übrig als von Zwei auf Vier Räder zu wechseln. Der „contact in Augsburg e.V." sprang freundlicherweise, mit seiner Sprinterflotte ein. Zu meiner persönlichen Schande lief die Aktion etwas ungeplant und über Wochen hinweg ab, womit ich wohl einiges im Sozialkaufhaus durcheinanderbrachte. Bitte entschuldigt ihr lieben Contactianer. Eure solidarische Spontanität ist mit Gold einfach nicht aufzuwiegen. An dieser Stelle ein von Herzen kommendes DANKESCHÖN!

Pflanzenlieferung!

Ohne diese Arbeitsfrenchise-, Car-sharing-hilfs-pionier-leistung hätten wir unseren Umzug niemals stemmen können! Danke, dankee, dankeeee!!!

Im Eichhörnchenmodus ging es nun Sprinterfuhre für Sprinterfuhre voran. Mit der Hilfe unserer wetterfesten Mitstreiter, die Wind und Schneetreiben trotzten, konnten wir jede Menge Paletten, Bauholz, Zaunelemente, Steine und Werkzeuge zur neuen Farm transportieren. Nachdem wir zu Weihnachten zwangsweise eine Pause eingelegt hatten, folgten bereits am zweiten Weihnachtsfeiertag die Planung und der Bau unserer allerersten Palettenhütte. Das kleine Gebäude sollte in Modulen errichtet werden, damit es später ohne große Probleme auf die neue Fläche umziehen konnte.

Mit dem Bau einer Hütte aus Wiederverwertetem zu beginnen ließ nicht nur mein Handwerkerherz höher schlagen. Endlich konstruktiv tätig sein! Eine „fertigbau" Minnihütte stand zu diesem Zeitpunkt bereits, doch war die kaum einbruchssicher zu bekommen. Als erstes benötigten wir somit dringend eine abschließbare Lagermöglichkeit, was der dreiste Diebstahl unserer hochwertigen, unglücklicherweise geliehenen Akkuschrauber bewies. Die wurden, mangels Verschlussmöglichkeit, zur Sicherheit extra in einer leeren Regentonne versteckt, während wir uns frierend in der frisch errichteten Palettenkonstruktion am Dach zu schaffen machten. Trotzdem fehlte kaum eine halbe Stunde später jede Spur von den unverzichtbaren Baustellengeräten. Wehmütig dachte ich an die alte Farm. Dort war ja alles Wichtige vorhanden.

Unsere große Hütte konnten wir trotzdem nicht mitnehmen, da sie zum alten Grundstück gehörte, genauso wie der Steinstall und die Werkstatt. Da die neue Fläche sehr abgelegen in einer Sackgasse steckte, wollten wir auch nicht einfach alles auf die offene Wiese stellen. Zum Glück ergatterten wir einige Meter klapprigen Bauzaun, der zwar ohne absperrbare Sicherungsmaßnahmen auskam, aber zumindest optisch unsere Arbeitsgeräte rudimentär schützte.

Hüttenbau im frostigen Schneetreiben!

Es mangelte nämlich nicht an zwielichtige Gestalten die in unserer Sackgasse herum schlichen. Ob dies nur Neugierige, Gassigänger, Strauchdiebe oder Naturliebhaber waren, vermochte man durch die winterliche Vermummung nicht zu sagen. Sei es drum, wir jedenfalls benötigten dringend mehr sicheren Stellraum. Nach kurzer Suche ergab sich die Chance zwei wunderbare Hütten mit den klangvollen Namen

16

„Malta" und „Australien" erstehen zu können. Für uns als „nicht mit Reichtum geschlagene Möchtegernlandwirte" wäre die Neuanschaffung kaum zu stemmen gewesen. Aber als Ausstellungsstücke waren sie erschwinglich. Ein herzliches Dankeschön nochmals für die Förderung an die Stiftungsgemeinschaft „anstiftung & ertomis". An nur einem Wochenende stemmten wir es mit vielen fleißigen, helfenden Händen, die zwei Hütten auf der Ausstellungsfläche ab und an der neuen Farm wieder aufzubauen.

Abends konnten wir uns sogar schon an heißem Punsch erfreuen, denn unser kleiner Ofen zog gleich mit um. Leider waren unsere Arbeiten beständig geprägt von wechselnden Wetterextremen mit kleinen und größeren Rückschlägen. Von in Schneewehen steckengebliebenen Autos, über einen Bandscheibenvorfall, und verlorenen Gummistiefeln im Knöchel tiefem Schlamm, bis zu Eiszapfen im Bart, war alles dabei.

Rutschpartie im Schnee-Schlamm-Matsch!

Der Winter gab Vollgas. An jenem großangelegten Umzugswochenende rieselten mindestens 40 Zentimeter Neuschnee auf unser Haupt, gerade dann als der erste Schwung kleiner und riesiger Blumentöpfe die Reise in den Gablinger Weg antraten. Diese waren selbstverständlich zum Bersten gefüllt mit tausend-und-einem Beerenstrauch, zwischengeparkten Apfelbäumchen und einer Heerschar Kräuter aus der abgerissenen Kräuterspirale.

Der ein oder andere mag sich an das Sturmtief „Elon" erinnern. „Elon" löste in der gleichen Nacht die weiße Pracht in glitschig braunen Schlamm auf. Die Kälte war verschwunden, aber: Im Gegenzug bescherte uns Mutter Natur Windböen, denen unsere mehr oder weniger provisorischen Hütten nicht standhielten. Provisorisch deshalb, weil wir noch immer auf die Aufschüttung unseres eigentlichen Geländes warteten. Denn auf unserer Fläche mussten laut Richtlinie mindestens 35 Zentimeter aufgeschüttet werden, bevor Kinder darauf spielen dürfen. Angeblich graben die Knirpse (im Durchschnitt) ja nicht tiefer als 35 Zentimeter... Ob die Kinder das auch wissen? Wir jedenfalls kamen letztendlich auf bis zu einen Meter Aufschüttungstiefe. In diesem Fall hilft viel, wirklich viel! Wenn uns in diesen Tagen nur die Dachpappe um die Ohren geflogen wäre, hätte ich mich nicht bei nachtschlafender Zeit aufraffen müssen, um Notreparaturen durchzuführen.

Nach einem ziemlich „früh" morgendlichen Anruf von einem besorgten CityFarmer, der extra auf einen Kontroll-Sprung vorbeigefahren war, rumpelte ich notgedrungen sofort los. Weil sich ganze Dächer verabschiedeten, mussten wir in der Dämmerung bei strömendem Regen Schadensbegrenzung betreiben. Da der Inhalt der Hütten auf keinen Fall nass werden sollte, war Eile geboten. Blöderweise hatte der Sturm ordentlichen Spaß mit einem Dach und wirbelte es kurzerhand auf Ildis sorgfältig abgedeckte und eingepackte Pflanzen. Zum Glück litten nur ein paar Rosenstöcke, der Rest blieb wie durch ein Wunder verschont.

Hüttendach auf Pflanzengrund!

Derart beschäftigt gingen Wochen ins Land, ohne dass sich wirklich etwas Relevantes bewegte. Mit wachsender Ungeduld warteten wir auf die Aufschüttung des neuen Geländes. Leider wurden wir Woche für Woche, mal wegen schlechtem Wetter, dann wieder wegen anderer anstehender Arbeiten von der beauftragten Firma vertröstet.

Aus Verzweiflung begannen wir in Leichtbauweise Hochbeete und Kaninchengehege zu basteln. So konnten wir, sobald die Erdarbeiten abgeschlossen waren, sofort loslegen. Herzlichen Dank an die vielen Ehrenamtlichen die mit uns den wahrhaft anstrengenden Umzug bestritten haben. Nicht unerwähnt will ich die 15000 Euro der Allianz Umweltstiftung lassen. Die Stadt Augsburg erhielt deren

Nachhaltigkeitspreis wovon uns über die Agenda 21, mittels zahlreicher Fürsprecher, ein Teil des Gewinns von der Stadt für unseren Umzug bereitgestellt wurde. Allein der Kompost und die Erde waren 16 Anhänger voll, von Hand gefüllt, die wir mehr oder minder überladen quer durch Oberhausen gezogen haben. Trotzdem war es erschreckend wie wenig Humus wir händisch transportiert bekamen, verglichen mit den 108 Vierzigtonner-Lastkraftwagen die unsere Aufschüttung bestritten.

Einen einzigartigen Seecontainer aus Holz konnte zudem, von mir in mühevoller Handarbeit in Einzelteile zerlegt, aus München herangeschafft werden. Der für die weltweite Verschiffung von Tuningshowwägen gedachte Großraumcontainer würde unser neuer Delux-Hühnerstall werden.

Doch ohne Aufschüttung blieben das nur Wunschträume. Wie der kampfeswillige Stier scharrten wir mit den Hufen, bereit endlich zum Aufbauangriff überzugehen…

Fluffgepuff und Crowdfunding

Bereits seit längerem liebäugelte die Oberfarmerin Ildi mit dem Gedanken an einen eigenen Vierbeiner. Noch während des Abbaus der alten CityFarm bahnte sich eine endgültige Entscheidung bei ihr an. So wurde mir eines Abends im Scherz die Frage aller Fragen gestellt: „Kind, Pferd oder Hund?" Nach kaum einer Sekunde Bedenkzeit kam prompt die (für mich) einzig logische Antwort: „HUND!!!"

Mit einem strahlenden Lächeln präsentierte die findige Bauersfrau mir ein Photo, indem sie den Computerbildschirm in mein Sichtfeld drehte. Dort erblickte ich einen pechschwarzen, wolligen Klecks an dem kaum zu erkennen war wo vorne und hinten ist. „Das wird wahrscheinlich unsere neue Gefährtin!", meinte Ildi schelmisch. Hatte diese Vorgehensweise Kalkül? Bereitete sich meine schlaue Frau etwa schon länger auf die Frage aller Fragen vor? Sie verriet mir persönlich, dass sie sich längst eine Argumentationskette zurechtgelegt hatte, die meine Bedenken zerstreuen sollte. Wobei sie mir auch verriet, dass sie mit mehr Widerstand gerechnet hätte.

Sogar der Urlaub war schon genehmigt, damit sie im ersten Monat voll für das Hündchen da sein konnte. Selbst über die Einreisebestimmungen hatte sich Ildi vorab schlau gemacht. Sehr phantasievoll hieß die Kleine Wollnase da noch „Kutya Csutak" was auf Ungarisch ganz lapidar „Hund Csutak" bedeutet. Unsere kleine CityFarm-Familie bekam also Zuwachs, womit ein weiterer Vierbeiner zu uns stieß. Die kleine „Kira". Ein schwarzes Wollknäul der Urhundrasse

Puli aus Ungarn, die wir aus einer Tötungsstation über eine Tierschutzorganisation haben retten können.

Fluffgepuff ist soooooo süß!

Da unser Leih-Hund Ronja langsam aber sicher in die Jahre kam, war mein Plan Kira langsam an das Leben als Begleithund für Kindergruppen heranzuführen. Worauf sie dann aber niemals Lust hatte. Von Anfang an hielt sich die Kleine lieber von den Zwergen fern und versteckte sich, sobald Kinder in der Ferne zu hören waren.

Ronja hingegen die sich freudig von jedem Kind anstandslos bespaßen ließ, war das genaue Gegenteil. Leider lag vor Fluffgepuff und mir noch ein sehr weiter Weg. Anfangs zeigte Kira sich ängstlich, scheu und verstört. Ob von der langen Reise oder der schweren, Nöte vollen Zeit zuvor, war uns ein Rätsel. Ildi gegenüber öffnet sie sich Tag für Tag ein wenig mehr und entwickelt sich zu einem aufgeweckten, äußerst intelligenten Hündchen. Meine Wenigkeit durfte Kira anfangs noch nicht einmal streicheln. Den Mann an Frauchens Seite schaute das Hündchen, zumindest in den ersten sechs Monaten, nicht einmal mit ihrem Hinterteil an. Mehrmals nahm sie Reißaus, lief weg sobald Ildi die CityFarm verließ.

Einmal landete Fluff sogar im Tierheim, da sie sich auf der Suche nach ihrer einzigen Vertrauensperson verlief und eingefangen wurde. Ich musste des Öfteren schwer schlucken und mir Kiras Vertrauen hart erarbeiten. Jetzt im Nachhinein sind wir uns ziemlich sicher, dass sie von einem Mann in irgendeiner Form gepeinigt wurde, da sie sich gegenüber allen beschniepelten Zweibeinern so aufführte. Letztendlich habe ich mich mit dem Hündchen, auch mithilfe kübelweise Leckerlis, (die sie nie fraß, sondern nur verbuddelte) einer extra Portion Geduld, sowie der Routine des Bauernhofalltags zusammengerauft.

Die Freude mit Fluffgepuff lenkte uns ein wenig vom nervenaufreibenden CityFarm-Umzug ab. Wir starteten parallel eine Spendenaktion, die sich als riesiger Erfolg entpuppte. Wir danken allen Menschen, die uns dort unterstützten. Das gesammelte Geld ermöglichte es uns neue Gehege, zehn Hühner und ein Dutzend Spindelobstbäume anzuschaffen. Der Wiederaufbau konnte losgehen, wäre da nicht die immer noch fehlenden 1800 Kubikmeter Erde.

Ein glückliches Hündchen!

Unser provisorisches, Farmgelände 2.0 war mittlerweile rappel vollgestellt und von gemütlicher CityFarm-Atmosphäre noch gar nichts zu spüren. Wäre der schlimmste Fall eingetreten und die Aufschüttung erst im Mai oder später erfolgt, hätten wir unsere Tiere irgendwo zeitweise unterbringen müssen. Zur Erklärung: Wir waren, dank überzogener Auszugsfrist, gezwungen die Tiere von der alten Farm zu entfernen. Es handelte sich um eine Schar Hennen plus den Araukaner Hahn Dino und vier Kaninchen. Zwei Rammler, Scarface und seine geliebte Urmelie, die zusätzlich auch noch einen Wurf Junge erwartete. Wir hätten es niemals übers Herz gebracht die Hoppelgesellen einfach in einen kleinen Käfig zu sperren und mit in die Wohnung nehmen. Sie würden dort ihr Winterfell verlieren. Dadurch drohte die realistische Gefahr, dass die Langohren sich zu Tode erkälteten, sobald sie wieder frische Luft schnuppern dürften. Ganz zu schweigen davon, dass die armen Hoppeltiere keinen Platz hätten ihren natürlichen Bewegungsdrang auszuleben.

Bis zur letzten Sekunde zögerten wir deshalb den endgültigen Auszug von unserem alten Gelände heraus, auch auf das Risiko hin einen juristischen Schlag unter die Gürtellinie zu bekommen. Wirklich im spätest möglichen Moment, eigentlich schon kurz nach unserer endgültigen Deadline erreichte uns die erlösende Nachricht: In der ersten Aprilwoche rollen die LKW! Möge die Aufschüttung beginnen.

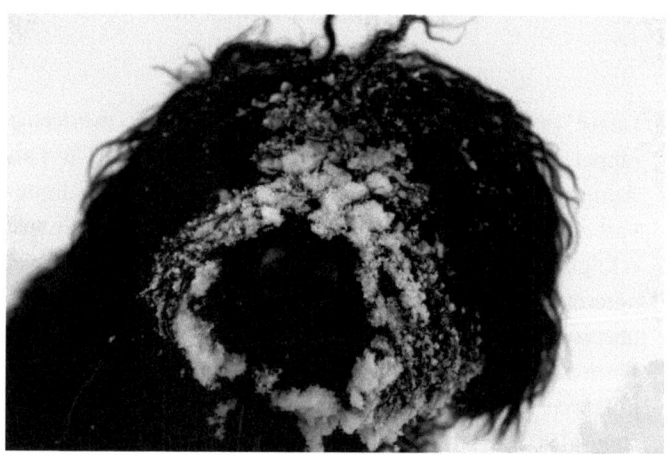

Yeti oder Hund? Das ist hier die Frage!

Das große Baggern

Der verdichtete Boden vibrierte im Umkreis von zwanzig Metern. Krachend flogen im Fünfminutentakt die verbolzten Heckklappen der Armee von Vierzigtonnern auf. Daraus ergoss sich mit sachtem Rumpeln einen Regen aus wunderbarem schwarz-krümeligen ehemaligem Maisacker. Jedesmal wenn es soweit war, forderte Fluffgepuff mit eingezogenem Schwanz nur eines: „WEG HIER!" Unserem Hündchen waren die monströsen Gerätschaften eindeutig nicht geheuer.

Kettenbetriebenes Erdmonster!

Zum Ende der Erdarbeiten wurde die Qualität des aufgebrachten Substrats leider immer kiesiger und durchsetzt von dicken Lehmklumpen. Gerade als es daran ging den

27

zukünftigen Garten aufzuschütten, kamen die Spuren des Lechtals zum Vorschein. Dies veranlasste einen unserer treusten CityFarmer eine wilde Verfolgungsjagd aufzunehmen und den leeren LKWs in der Morgendämmerung hinterherzufahren. Ihn trieb die Neugier an woher genau unsere Erde stammte.

Schwarzes Gold!

Da sich immer wieder menschlicher Unrat, wie Glasscherben und Plastikteile hineinmischten, musste es irgendwo in der Nähe der Zivilisation abgegraben worden sein. Gewiss konnte man die Bauarbeiter mit einem obligatorischen Kasten Bier dazu bewegen für den Endspurt gute Erde aufzuladen. Die Fahrzeuge waren bereits zwei Tage auf der neuen Farm unterwegs, und siehe da, der Plan unseres Freundes ging auf! Das dargebotene isotonische Hopfen und Malzgetränk wirkte wahre Wunder. Wir bekamen besten Mutterboden für den Garten geliefert.

Wer will fleißige Handwerker sehn...

Kaum hatten wir realisiert, dass der erste Grundstein endlich gelegt war, ging es auch schon mit Vollgas los – frei nach dem Motto „Schaffa, schaffa, Häusle baua!"

Beinahe zur Hälfte fertig!

Glücklicherweise machte uns das Wetter zur Abwechslung mal keinen Strich durch die Rechnung, sodass wir uns während der Arbeit bei schönstem Sonnenschein die erste Sommerbräune oder eher Brände zulegen konnte. Im wahrsten Sinne des Wortes waren die „Häusle" für unsere Hühner und Kaninchen die vorrangigen Projekte, die es zu planen und schlussendlich in die Tat umzusetzen galt. Für den Kaninchenstall wurde mit einem eifrigen Vier-Mann-Studenten-Team zuerst ein ausladendes doppelt-spatentiefes Loch gegraben, um die unabdinglichen Absperrgitter dort zu

29

versenken. Dies war notwendig, da unsere Kaninchen ja bekanntlich begeisterte Wühler sind, und sich ohne Sicherung recht schnell ihren eigenen Weg durch die Farm gebuddelt hätten. Der Aushub wurde selbstverständlich im Anschluss wieder an seinen ursprünglichen Platz verfrachtet, dass unsere Mümmeltiere nach Lust und Laune ihrem Buddeldrang nachgehen konnten. Damit war zumindest das Fundament für die provisorischen, recht windschiefen Recycling Gehege gesetzt.

Der Clou: Aus Ermangelung an Baumaterial wurden die in aller Eile zerschnittenen Gehege der alten CityFarm für den Neubau verwendet. Erst nach tagelangem Drahten, Schrauben, Bohren und Sägen standen Kaninchen- und Hühnerstall. Naja bis auf diverse Kleinigkeiten wie den Dächern oder der Beseitigung etlicher Heerscharen heraus stehender Nägel. Im Endeffekt aber bereit für den dezent überhasteten Umzug der Tiere, welcher uns in der folgenden Woche beschäftigen sollte.

Zumindest stand der Zaun, der den Auslauf der Tiere begrenzte, schon an seinem beabsichtigten Platz. Leider war dieser noch so löchrig wie ein Schweizer Käse, so dass die Kaninchenwelpen weitab ihrer Aufsichtsperson in regelmäßigen Abständen eine Körner-Diebstahl-Party bei den Hühnern veranstalteten. Der Mama, die, da etwas zu korpulent für den Zaundurchgang, nicht durch die Maschen passte, war dies gar nicht recht. Die besorgte Aufpasserin hoppelte jedes Mal aufgeregt quietschend am Zaun auf und ab, waren ihre Sprösslinge wieder einmal verschwunden. Allzu viele Versteckmöglichkeiten hatten die Kleinen glücklicherweise nicht, weswegen man die hoppelnden Flauschbälle schnell aufstöberte. Das Einfangen der Flüchtigen war hingegen ein frustrierendes Kapitel.

Nachbarschaftshilfe! Kindersichere Feuerstelle!

Trotz einschlägigen Kaninchen-Erfahrungen von der alten Farm trieben uns die wendigen Racker in den Wahnsinn. Man muss dazu sagen, dass der aufgeweichte Boden in menschlichen Maßstäben eher einem Morast gleichkam, denn einem soliden, tragfähigem Untergrund. Wir schlitterten und rutschten herum sehr zum Amüsement unserer Hoppeltiere. Selbst mit zehn Helfern gelang es uns vielfach nicht die junge Familie wieder zusammenzuführen. Aalglatt schlüpften uns allabendlich die Langohren durch die Hände, flüchteten im wilden Zick Zack näherte man sich, oder verschanzten sich gleich unter dem Hühnerhaus, das sie Stück für Stück in einen Wohnpalast verwandelten. Die flauschigen Biester gruben nämlich weitläufige Gänge in denen an einen menschlichen Zugriff gar nicht zu denken war. Letztendlich zwang uns dieses Intermezzo eine mobile Schleuse aus Zäunen zu erschaffen. In denen hatten die Ausreißer ähnlich einer Fischreuße keine andere Wahl als in ihr ursprüngliches Gehege zurückzukehren.

Ällabätsch! Wir sind schneller als ihr!

Erinnerst du, das erste Gartenjahr?

Wir haben neuerdings ein lustiges Spiel, abgekupfert aus der Serie „South Park." Dieser witzige Zeitvertreib nennt sich: „Erinnerst du...?" Im Rahmen dieses Spiels haben wir über unser erstes, doch recht katastrophales Gartenjahr auf dem neuen Gelände sinniert. Es fielen Sätze wie: „Erinnerst du vertrocknete Baby-Obstbäume?, „Erinnerst du zerstörte Gewächshäuser?" oder „Erinnerst du Regenrinnensuche?"

Vielleicht erinnert ihr euch an das klitzekleinen Doppel-Problem mit unserem schweren Lehmboden. Der arbeitete wie wild. Bei Regen quollen die Schollen auf und wir ertranken im Schlamm. Bei Trockenheit bildeten sich tiefe Schluchten, die an ein ausgedörrtes Flussbett in der Wüste erinnerten. Nicht nur, dass die Werkstatt durch das beständige Heben und Senken des Bodens immer weiter in Schieflage geriet, sondern auch, dass wir es irgendwann aufgaben die wenige Meter gepflasterten Weg zu begradigen. Die Werkstatt fundamentierten wir in einer Gewaltaktion mit Wagenhebern und Waschbetonsteinen.

Man merkt, dass man ein Problem hat, wenn Türen im Wochenrhythmus gekürzt werden müssen, da sie partout nicht mehr aufgehen wollen. Sogar einjährige Pflanzen zu gießen, mussten wir aus Wassermangel irgendwann einstellen. Die armen Tomaten... Der Mangel an Regen bedrohte gerade in der Anfangszeit das Überleben unserer frisch gepflanzten Beeren- und Obstgehölze. Zwischenzeitlich war in diesem Dürresommer unsere Not so groß, dass wir die benachbarte Gärtnerei beknieten mit ihrem

Gießwagen vorbeizukommen, um zumindest die gepflanzten Obstbäumchen retten zu können. Danke liebe Gärtnerei Schlegel! Mitte Juli waren wir dann sogar gezwungen den Garten ganz ausdörren zu lassen. Selbst die frisch gesetzten Obstbäume bekamen nur bei drohendem Totalausfall einen Schluck des streng limitierten feuchten Nass.

Gießwagen im Einsatz!

Wir mussten ganz schnell „Wasser-unabhängig" werden. Ein eigener Brunnen stand zwar von Anfang an zur Diskussion, scheiterte aber zunächst aus diversesten Gründen, wie den Kosten und dem Erlaubnisverfahren. Somit blieb uns nur eine Option: Dachrinnen, Dachrinnen, Dachrinnen, Dachrinnen und Dachrinnen... dazu etliche Wasserspeicher, bevorzugt Fünfhundert Liter aufwärts. Im Baumarkt dann der Schock. Dachrinnen sind schweineteuer! Nie im Leben hätten wir uns für knappe hundert laufende Meter eine Neuanschaffung leisten können. Unter vorgehaltener Hand flüstert mir, als meine Verzweiflung gerade ihren Höhepunkt fand, ein befreundeter Baumarktmitarbeiter des Rätsels

Lösung ein: „Da die Plastik-Wasserrohre sind echt billig. Du musst sie nur in der Mitte auseinanderflexen und dann kriegste top Dachrinnen! Den Tipp haste jetzt aber nicht von mir!" Im Verlauf von zwei Wochen beständigen Schneidens, Montierens und Nachbesserns tröpfelte nach einem lang herbeigehofften Regenschauer die ersten Zentimeter Wasservorrat neben unsere frisch installierten Tanks. Ja richtig gelesen: Neben die Wasserreservoirs! Die Feinjustierung hatte ich nicht zu Ende gedacht, da Trägheit und Wind das heiß ersehnte Nass über das Ziel hinausschießen ließen. Uns blieb also nichts anderes übrig, als im strömenden Regen noch einmal Hand anzulegen. Durchnässt aber glücklich bekamen wir den Wassermangel langsam aber sicher in den Griff.

Dass die heiß begehrte Feuchtigkeit auch in der falschen Form vom Himmel fallen könnte, hatten wir da noch gar nicht auf dem Schirm, denn kaum einen Monat später schlug uns der Wettergott ein weiteres Schnippchen. „Erinnerst du: überall Plastikfetzen im Garten? Oh und erinnerst du: löchrigen Rhabarber?" Ein mächtiges Gewitter fegte mit Sturm und Hagel über unsere gerade erst gesetzten Jungpflanzen. Das Gewächshaus aus Doppelstegplatten wurde komplett dem Erdboden gleich gemacht. Bis zum heutigen Tage kommen noch überall Plastikfetzen, metallene Halteklammern und vom Wind verbogene Alustangen zum Vorschein, die diese Wetterkapriole uns als Andenken hinterlassen hatte. Sie sehen also liebe Leser, aller Anfang ist schwer. Auch wenn wir mit Eifer, Fleiß und besten Absichten an den Wiederaufbau herangingen, ließen die Rückschläge nicht lange auf sich warten.

Frischer Wind

Im ausklingenden Herbst stand plötzlich jemand vor dem Tor, der dringend einen Platz für seine Tauben suchte und gern ein „Stück CityFarm" pachten wollte. Da konnte sich Ildi ein Grinsen nicht verkneifen und erklärte dem Besucher wie das hier auf der Farm so läuft: Wir sind ein Gemeinschaftshof! Arbeitsteilung, alles ehrenamtlich! Eier- und Ernteteilung, Pacht aus Spenden. Ja, es ist vielleicht etwas ungewöhnlich was und vor allem wie wir die Farm am Laufen halten aber es hat sich bewährt. Verschmitzt erklärte er uns seine Absichten. Ein Hütte für seine geliebten Täubchen, vielleicht eine Gartenlaube als Unterstand. Im Verlauf des Gespräches kam heraus, dass er eine ganze Schafherde besitzt. Dass zudem zwei aufsässige Ziegen darunter sind, verschweigt er anfangs. Auch für die wolligen Gefährten suche er noch einen Platz, ob wir etwas Passendes wüssten...

Mein Ehemann-Alarm schrillt lautstark! Ich sah die gierigen „Will ich haben Sternchen" in den Augen meiner Liebsten. Schon auf der alten Farm hatte Ildi anklingeln lassen, dass sie von eigenen Schafen träumte. Von Kindesbeinen an standen die vielfältigen Tiere bei ihnen im Garten, da der Onkel Schäfer war.

Erste Stärkung nach der langen Fahrt!

Wie Ildis Mamma immer farbenfroh ausmalt, saß sie bereits als kleines Mädchen splitternackt in der Tränke, damit sie die Tiere streicheln konnte, kamen sie zum Saufen. Den Bruder ihres Großvaters nannten alle nur bezeichnend „den Schäfer". Irgendwie schien die Schäferei wohl in ihren Genen zu stecken, wie konnte ich mich dem noch verwehren? Heute bin ich mir nicht einmal mehr sicher, ob ich überhaupt ein Mitspracherecht hatte. Rachmed würde also mit Sack und Pack bei uns mit einziehen.

Wenige Wochen später standen also Stall und Zaun, sodass der Umzug vonstattengehen konnte. Aufgeregt warteten die CityFarmer auf die wolligen Tiere, jede Stunde zog sich unendlich in die Länge und nur die Abschlussarbeiten lenkten uns ab. Es fehlte noch eine Raufe, die wir aus einem alten Kinderbett bastelten. An dieser Stelle noch ein dickes Dankeschön an alle Material und Schraubenspender, ganz besonders an Kaktus von Bambus Augsburg!

Schließlich fuhr endlich das Gespann vor, die Tür wurde geöffnet und ein Schwall Skudden-Schafe ergoss sich mähend auf die Wiese. Eine kleine zusätzliche Überraschung wartete aber noch auf dem Beifahrersitz im Wagen. Wenige Stunden vor der Abfahrt in die neue Heimat, wurde ein wunderschönes Böckchen geboren. Da es im Hänger zu eng war, durfte es gleich ein großes Abenteuer bestreiten und als Beifahrer Autobahn fahren. Ildi bekam das kleine flauschige Lämmchen in den Arm gelegt und konnte sich das ein oder andere Glückssträhnchen kaum verkneifen, so überwältigend war der Moment ihre Kindheit in den Armen zu halten. Derart entzückt habe ich meine Ehefrau selten erlebt, weswegen mir der Rattenschwanz, der an den wolligen Gefährten hing, zunächst herzlich egal war. Als dann der zwergige Neuankömmling auch noch brav zu seiner Mama lief und diese ihn ohne Probleme säugen ließ, war der Umzug perfekt geglückt.

Es kommt ab und zu vor, dass Mutterschafe ihr Lamm in den ersten Tagen verstoßen. Dies führt zu den bekannten Flaschenlämmchen, die vom Menschen per Hand aufgezogen werden. Davon sollten wir später noch ein Lied singen können. In Bälde hatte sich die Herde gut eingelebt und Vertrauen zu uns gefasst. Jeden Tag werden wir seitdem von einem Mähkonzert begrüßt und bei Betreten des Geheges neugierig umringt, schließlich könnten wir ja etwas Fressbares dabei haben. Die Schafrasse der Ostpreußischen Skudden ist äußerst robust und genügsam. Sie zählt zu den ältesten und kleinsten Hausschafrassen und steht auf der roten Liste der bedrohten Nutztiere. Schon die Wikinger sollen Skudden gehalten und gezüchtet haben. Umso mehr freute es uns eine weitere bedrohte Tierrasse auf der CityFarm beheimaten zu dürfen. Die beiden Ziegen gehörten einer Rasse Afrikanischer Zwergziegen an. Sie haben eine Widerristhöhe von ca. 50 cm und können farblich sehr bunt ausfallen. Ursprünglich stammt diese Rasse aus Asien, von wo aus sie nach Afrika gelangte und dort in größeren Herden wegen ihres Fleisches gehalten wird. Unsere weibliche Ziege war guter Hoffnung und erwartet in den nächsten Tagen ihre Jungen. Besondere Freude bereiten die Paarhufer unseren Hündchen Kira alias Fluffel. Vielleicht erinnert ihr euch an das schwarze Fellknäuel, welches den Schafen verdächtig ähnlich sieht.

Leckere Milch!

Kira gehört der Rasse Puli an und ist damit ein ungarischer Hirtenhund. Sie entdeckte ihre Gene dementsprechend schnell wieder und liebt es in der Nähe der Herde zu liegen, diese zu beobachten und gegebenenfalls lautstark zu beschützen oder in der Gegend herum zu treiben. Von den Schafen und Ziegen war sie aufgrund ihrer forschen Art bereits akzeptiert, nur beim Mutterschaf schien noch Klärungsbedarf zu bestehen. Die hormongesteuerte Wolldame sah es partout nicht ein aus dem Weg zu gehen, wenn Fluffgepuff kläffend die Herde zusammentreiben wollte. Schützend stellte sie sich vor ihr Lämmchen und drohte dem kaum ebenbürtigen Hündchen mit ihren nicht vorhandenen Hörnern. Allmorgendlich mussten wir in diesen Konflikt eingreifen, damit er nicht eskalierte. Dies war aber nicht der einzige Konflikt, den es zu bewältigen galt...

Bitte Lächeln!

Clash

Von nun an griffen uns zwei dauerhaft präsente „Neu CityFarmer" unter die Arme. Ein Imker mit Hang zum „leichten Leben" und ein „Streber". Die Beiden teilten sich den hinteren Bereich Richtung Schafkoppel. Von Anfang an gab es kulturbedingte Spannungen zwischen den sehr unterschiedlichen Männern. Der Eine trank gerne mal die ein oder andere Flasche Wodka mit allen Konsequenzen die daraus folgten, der Andere betrachtete die Farm als ruhigen Rückzugsort für seine Familie.

Nach nicht einmal einem Monat gemeinsamen Werkelns begannen bereits die Streitigkeiten. Mal ging es darum wer die Tierversorgung übernahm, mal wem welches Baumaterial zustand. Mein Aufwand, dass ich die Bretter, mit hohem Energieeinsatz von einem „Flohmarktmafioso" im Tausch gegen Brennholz erstand, sickerte nur am Rande zu ihnen durch. Dafür sägte ich mit meinem besten Kumpel bei dreißig Grad im brennenden Hochsommer mehrere Meter Festholz auf. Die Rundlinge wurden gespalten und anschließend der flüchtigen Flohmarktbekanntschaft auf seinen Hof gefahren. Dort durfte sich der fleißige Cityfarmer anschließend ein knappes Stündchen bei Schwarztee und Kuchen die Lebensgeschichte des Patriarchen anhören. Viele bereiste Länder und eine Unzahl von Widrigkeiten malte „der Pate" im Rahmen seine Familiengeschichte farbenfroh aus. Schließlich gelang er nach Deutschland und nun sei er der „König der Flohmärkte". Bezeichnend war dabei auch, dass eine Horde „Töchter" uns Gäste schweigend und mit gesenktem Blick bewirtete. Auch die Herkunft der

„hölzernen Ware" wurde erörtert. Es fielen die Worte Zwangsräumung, Inobhutnahme, Sektenkindergarten und Verfassungsschutz. Um ehrlich zu sein wollte ich gar nicht genau wissen woher er diese Unmengen sauber gehobelter und gewachster Bretter im Wert mehrerer tausend Euro ergattert hatte. Mit Blick auf die Uhr und wieder voll beladenem Hänger konnte ich mich nach vielen Küsschen und Umarmungen aus dieser skurrilen Situation loseisen.

Zurück auf der CityFarm standen unseren zwei Streithammeln beim Ausladen die Begierde ins Gesicht geschrieben. Als ich in meiner Position als „Chef" ihnen erklärte, dass die gewachsten Bretter für die Außenküche gedacht waren und für Nichts anderes, kam Unmut bei beiden Parteien auf. Einer der seltenen Fälle, dass die Zwei Streithähne mal einer Meinung waren…

Streitpunkt Taubenkot!

Leider hielt der Burgfrieden nicht lange. Selbst nach einer Mediation, ausgiebigen Gesprächen und gelobter Besserung zeichnete sich ab, dass die kulturelle Differenzen tiefer gingen als es anfangs den Anschein hatte. Spätestens als sich die Ehegattin unseres strebsamen Freundes weigerte weiterhin zu kommen, wurde mir bewusst, dass es so nicht weitergehen konnte. Selbstverständlich war ich neugierig auf ihre Argumentation, wobei ich mir zusammenreimen konnte wo in etwa der Fehler lag.

Im aufziehenden Sommer verknappten sich sichtlich die Klamotten der regelmäßig wechselnden Freundinnen unseres imkernden Lebemannes, bis die Damen im fortgeschrittenen Alter auch mal oberkörperfrei inclusive schwingender Brüste ihrer Arbeit nachgingen. Hinzu kam, dass die Manieren der feierwütigen Gesellschaft nach der dritten Flasche Wodka sehr zu wünschen übrig ließen. Den leicht dissonanten, kehligen Gesang der elustren „Partygemeinschaft" hätten wir noch tolerieren können, doch die zu Orgien ausartenden Zusammenkünfte ließen auch mir irgendwann den Kragen platzen. Ein rigoros ausgesprochenes „Schnapsverbot" dezimierte schlagartig die wilden Partys, was aber den schwelenden Konflikt zwischen unseren so unterschiedlichen männlichen Helfern nicht beendete. Erst als wir in großer Runde beschlossen, dass die Bienen ein eigenes Häuschen im hinteren Teil des Hühnergeheges bekommen sollten, wurde es ruhiger um die beiden Herren. Dies hatte einen einfachen Grund: „Lokale Trennung mit Pufferzone". In mühevoller Kleinarbeit entstand nun aus recyceltem Baustellenholz eine traditionelle kasachische Hütte im Jurtenlook. Dach undicht?

Egal! Wie bei „der Hexe und der Zauberer" steckten die Konstrukteure einfach Regenschirme durch die Löcher im Dach und verhinderten so, dass allzuviel Wasser die wertvollen Beuten benässte. Unter uns Cityfarmern hält sich deswegen hartnäckig das geflügelte Sprichwort: „Besser gut gerusst als teuer gekauft!"

Friedensfeuer!

Im Kindergarten

Als frisch gebackener Schaf- und Ziegenbesitzer stellten mich einige im Laufe der Jahre zur Selbstverständlichkeit gewordenen Aufgaben vor immense Herausforderungen. Ildi hatte zumindest in ihrer Kindheit regelmäßigen Kontakt zu den Paarhufern, half beim Scheren oder packte beim Klauen schneiden mit an. Meine Wenigkeit hingegen war absolut dilettantisch im Umgang mit den wolligen Neuzugängen. Ich musste erst noch lernen, dass Schafe böse blaue Flecken bekamen, erwischte man sie beim Einfangen nur am Fell.

Mutter und Kind glücklich auf der Weide!

Gute Schäfer nehmen ihre Tiere am Bein oder an den Hörnern und packen sie nicht an der empfindlichen Wolle. Zudem mussten wir die Erfahrung machen, dass die Biester wahnsinnig nachtragend sein konnten, gab man ihnen beispielsweise eine Spritze. Unserem Leitbock „Träumer" trieb es schon die Tränen in die Augen wenn er eine Injektionsnadel nur von weitem sah. Ja richtig gelesen, Schafe können weinen!

Schwieriger wird es wenn es wirklich um Leben und Tod geht. Eines sonnigen Märztages suchte sich unsere hoch schwangere Ziegendame ein ruhiges Plätzchen, um ungestört gebären zu können. Am späten Nachmittag warteten wir noch immer ungeduldig und nun schon leicht besorgt auf den neuen CityFarm-Bewohner.

Kindchenschema! Wo ist das Herz-Emoji?

Doch es sollten die ersten Zicklein der garstigen Ziegendame sein und Erstgeburten sind manchmal langwierig und schwierig. Als die Dämmerung einbrach, fasste sich schließlich unser macedonischer Schaf- und Ziegenflüsterer ein Herz und betrat vorsichtig den Stall. Die arme Mutter lag schon recht entkräftet im Stroh und keckerte Müde. Das Zicklein war bereits zu sehen. Das Kleine lag zumindest richtig, mit Vorderbeinen und Köpfchen voran, doch es war viel zu groß! Da packte der erfahrene Schäfer ohne groß nachzudenken die nassen Beinchen und zog das glitschige Jungtier heraus. Sogleich war ein helles, durchdringendes, forderndes „Bääääh" zu vernehmen. Dieser lebensrettende Handgriff sollte noch allzu oft, gerade zu später Stunde, an mir hängen bleiben.

Es dauerte anschließend nicht lange, bis ein Ziegenkindchen sich auf wackeligen Beinen und noch sehr unkoordiniert den Weg zu Mutters Zitzen bahnte, um die lebenswichtige Biestmilch zu trinken. In diesem Moment fällt jedem Tierzüchter ein riesiger Felsbrocken vom Herzen, denn die erste Milch und das Annehmen des Jungtiers durch die Mutter sind der beste Start ins Leben. Nachdem die Mutter das Baby sauber geputzt hatte, verließen Beide wankend und schwankend den Stall und präsentierten sich im Gehege. Doch Moment, nur ein Junges? Sollte da nicht noch ein Zweites kommen? Da haben wir uns gründlich geirrt, denn das Kleine bestach durch seine ungewöhnliche Größe, sodass der Bauch nach Zwillingen aussah.

Wilma beim Sonnenbaden!

Die ganze Nacht über wachten wir durchgefroren und besorgt im Stall. Wir bauten den Beiden sogar eine eigene Box, da die Ziegenmutter durch die schwierige Geburt noch sehr geschwächt war und vorerst von der Herde getrennt bleiben sollte. Am nächsten Morgen sah sie schon viel besser aus, fraß, trank und kümmerte sich um ihren Nachwuchs. Dennoch benötigte es noch ein paar Tage Erholung für die Mutter, bis unser Neuzugang samt Mamma wieder zur Herde durften und das Zicklein endlich die CityFarm-Welt erkunden konnte.

Einen Spielgefährten hatte es ja schon. Das freche, vier Wochen alte Lammböckchen. Damit war der Babyspuk aber nicht vorüber. Der Lammzeit verdankten wir insgesamt fünf tapsige, verspielte Lämmchen. Auf der Schafweide hat sich etwas eklatant verändert. Vielstimmige, durchdringende und hochtönige Mäh-Laute zaubern allen CityFarmern ein Lächeln auf die Lippen. Die Lämmchen tobten mit dem Kiki getauften Ziegenbaby und dem Böckchen Peterle auf der Wiese. Ein Quell der Freude diese putzigen Schäfchen! Die ersten Tage verbrachten die Kleinen natürlich mit Ihren Müttern im Stall und für eine Woche galt: anfassen verboten! Schafe sind da recht eigen und verstoßen auch mal ein Lämmchen, wenn der Menschengeruch zu aufdringlich an ihnen haftet. Doch alles ist gut gegangen, die Schafkindchen waren wohlauf und einige schon zutraulich, sehr zur Freude der Menschenkinder.

Zweimal brachten die Auen sogar Zwillinge zur Welt. Lolek und Bolek, zwei weiße Böckchen kamen zuerst. Danach zwei Mädchen, eine Schwarze und eine Fuchsfarbene. Dies ist etwas ganz, ganz Besonderes bei Skuddn und kommt bei einhundert Lämmern nur einmal vor. Rein genetisch betrachtet ist die Farbe bei "Füchsen" übrigens weiß. Zuletzt erblickte ein echtes schneeweißes Mädchen das Licht der Welt und fügte sich gleich gut in den Kindergarten ein. Es war herrlich die Dynamik der Herde zu beobachten, welche Mutter gerade Aufsicht hat, wann zur Milchbar geladen wurde und wie die Kleinen auf teils noch wackeligen Beinchen über die Weide hoppelten und spielten. Nun standen wir vor einem Dilemma. Unser Schafbock Träumer begattete weiter fleißig und würde bald anfangen seine eigenen Töchter zu besteigen. Stichwort Inzestvermeidung, auch gilt ab zwanzig „Muttertieren" eine Herde als

„kommerziell", was nie in unserem Sinne war. Unsere Schafe sollten „Liebhabertiere" bleiben. Zudem müssen wir die lieben Kleinen dem Landwirtschaftsamt melden, Beiträge für sie bezahlen, zwei Mal jährlich Scheren, die Klauen schneiden und über den Winter bringen. Für uns Hobbybauern würde der Aufwand schnell zu viel werden. Die Flut von wolligen Neugeborenen ließ uns zum einzigen probaten Mittel der Populationskontrolle greifen. Wir ließen durch die Bank alle Böcke rigoros kastrieren.

Ente, Kuckuck oder doch ein Wolpertinger?

Unter ihren Gummistiefeln spritzt der Matsch. Unser kaum den Windeln entwachsenes Patenkind zerrte mit vollem Körpereinsatz einen zum Bersten mit Schnecken gefüllten Maurereimer quer durch den Garten. „Onkel Beeeeeniiiii! Der Eimer ist voll! Was soll ich jetzt damit machen?" Angeekelt musterte ihre Mamma die Beute ihres Sprösslings. Sie antwortete an meiner statt. „Liebes, die bringen wir am besten ins Biotop. Dort werden sie ein neues Leben beginnen."

Zur Erklärung: Während unseres ersten Gartenjahres ereilte uns eine Heimsuchung biblischen Ausmaßes. Wären es doch nur Frösche gewesen... In gefühlten Tausenderschaften überrannten unzählige schleimige Mitesser die Cityfarm. Nacht für Nacht rückte eine Armee Roter Spanischer Wegschnecken Salat, Steckrüben, Möhrchen und Babykürbissen zu Leibe. Von Anfangs fünfzig gepflanzten Cucurbita-Gewächsen überlebte nur eine Einzelne. Die umliegenden Wiesen und Weiden boten optimalen Nährboden für meinen neu erkorenen Erzfeind, „Schneckus ratzeputzus fressus". Wir sammelten sie ab, bauten Fallen mit Zuckerwasser und Bier, doch es half Alles nichts. Die Fallen waren am nächsten Morgen so voll, dass die glitschige Nachhut einfach über die Kadaver ihrer Kameraden im „Herr der Ringe Ork Stil" hinwegkroch. Zertrat man versehentlich die massenhaft auftretenden Nahrungsschädlinge, stürzten sich sogleich etliche ihrer Artgenossen auf die Leichen, vertilgten sie und gingen gestärkt aus der fleischigen

Mahlzeit hervor. Ich fand mich gleichzeitig sowohl in der Rolle des Sisyphos, als auch in der des Don Quijote wieder, der Abend für Abend seinen persönlichen hart erkämpften Pyrrhussieg feierte. Meine Bekämpfungs-Bemühungen hatten schlichtweg weder Sinn, noch auch nur einen einzigen Erfolg zu verbuchen. Doch wir waren nicht bereit aufzugeben! So ergab es sich, dass mir ein Laufentenpärchen zur Seite gestellt wurde.

Mascha und Wanya baden im Schnee!

Aus dem Unglück eines jungen Paares, das ihren Garten verlor, erwuchs für uns ein beschnäbeltes Paar Federvieh. Das suchte nämlich dringend ein neues Zuhause. Das Schicksal spielte uns damit genau zur richtigen Zeit in die Hände. Irgendwie bekamen wir damit aber auch „die Katze im Sack" geschenkt. Mascha und Wanya waren zwar fleißige Futtersucher und binnen zwei Wochen war die

Schneckenplage eingedämmt, doch zeichnete sich bald ab, dass der Erpel nicht mehr alle Tassen im Schrank hatte. Näherte man sich dem Stall, ging der heißspornige Draufgänger sofort zum Angriff über. Kind und Kegel unserer Helfer trauten sich vielfach gar nicht mehr in den Garten. Nachdem seine Geliebte erfolgreich einige Eier ausgebrütet hatte, dreht der Vollidiot zwei seiner Sprösslinge eiskalt den Kragen ab. Ein sofortiges Einschreiten war nötig, da die Entenmamma verbissen versuchte ihre Kleinen zu schützen und zwar bevor das Ganze zu einem ausgewachsenen Ehekrach ausgeartet wäre.

Quakende Rasselbande!

Wir einigten uns darauf, dass der „Kinds-Mörder" die Zeit bis die Entenküken groß genug waren, im Hühnergehege Quartier bezog. Dort lief er anfangs den halben Tag am Zaun entlang und schnatterte mitleiderregend seiner Frau

53

hinterher. Nach seinen eigenen Kindern versuchte er selbst durch den Zaun noch zu schnappen. „Tja, Pech gehabt!" Wäre er friedlich geblieben, hätte er gewiss nach wenigen Wochen zurückkehren dürfen.

Doch der Hitzkopf fing bereits am selbigen Tag an die Hühner zu vergewaltigen, was unserem liebenswertem Gockel gar nicht passte. Unglücklicherweise zog unser flugunfähiger friedlicher Hahn Dino, gegen den kampferprobten Erpel den Kürzeren. Tagtäglich riss der aggressive Enterich dem gebeutelten Herrn der Hennen einige Federn aus. Ob zur Warnung, zur Demonstration seiner Stärke, oder aus purem Vergnügen, kann man nur raten. Jedenfalls hatte der arme Dino nichts zu lachen. Ihm zuliebe bekam der Erpel einen eigenen Auslauf.

Ein bisschen traurig offenbarte sich unser Kampf gegen die Natur, wenn es um die Jungtiere ging. Ein äußerst dreistes Krähenpaar hatte sich in der Nähe eingenistet und einige Jungtiere (sowohl Hühner- als auch Entenküken) zum Frühstück verspeist oder ihren eigenen Jungen gefüttert. Leider sind die Corvidien derart schlau, dass unsere Versuche sie zu täuschen oder abzuhalten alle kläglich scheiterten. Vogelscheuchen bauende Praktikanten wurden krächzend ausgelacht, Flatterbänder die eigentlich zur Abschreckung dienten als Ansitzwarte benutzt und auch sonst ließ der Respekt uns Menschen gegenüber sehr zu wünschen übrig. Die Hühnerküken wurden umgehend in eines der alten Gewächshäuser umquartiert, während die Entenkinder propper in die Höhe schossen und dem Beuteschema der

Krähen bald entfielen. Nur die Aufmerksamkeit des Bussards hätten sie nicht auf sich ziehen sollen, was schwierig ist als weiße Ente auf schwarzem Erdengrund. Der Bussard erwischte zwar nur ein einzelnes Küken, doch saß den Entenkindern der Schreck derart tief in den Gliedern, dass es Monate dauerte, bis sie sich wieder auf offene Flächen trauten.

Kükenparty im Gluggenstall!

Zu unserem Leidwesen nahm dieser Jahrgang befiederter Nachkommenschaft insgesamt ein unschönes Ende. Im tiefsten Winter nahm die Natur ihren Lauf. Die nunmehr erwachsenen Quaktiere hatten im großen Gewächshaus eine eigene Jungesellenbude, da die jungen Erpel sich in regelmäßigen Abständen mit ihrem Erzeuger in die Wolle bekamen, womit ein friedliches Zusammenleben unmöglich wurde.

Dieser Umstand gereichte dem gerissensten aller Beutegreifer zum Vorteil. Mit einer dem „Otto-normal-Tier" kaum innewohnenden urtümlichen Gewalt verschaffte sich ein dreister Fuchs zu nachtschlafender Zeit Zugang zum Interimsentenstall. Dort richtete der Halunke, wie die Goten bei der Einnahme Roms, ein unermessliches Blutbad an. Überall lagen Federn verstreut, halb ausgeweidete... Nun gut ich erspare Ihnen die Details. Sie können sich die bäuerliche Enttäuschung vorstellen, die ein derartiges Desaster verursacht. Aufgrund von Tollwutgefahr und einer nicht unbegründeten Angst vor Parasiten konnten wir die armen Seelen nicht einmal mehr den Hunden verfüttern.

So ergab es sich, dass wir im bocksteif gefrorenen Boden ein Grab aushoben, um der ersten, auf der Cityfarm geborenen Generation von Entenkindern, ein würdiges Begräbnis zukommen zu lassen. Auch unser Patenkind war wieder mit von der Partie. Wie es Kinder in ihrer ehrlichen, geraden Art meist treffend auf den Punkt bringen, werde ich die „Grabrede" der kleinen CityFarmerin wohl nie vergessen: „Onkel Benni, jetzt sind die Enten doch im Entenhimmel oder nicht?" Ich nicke etwas beschämt. Diese Frage war wirklich schwer ehrlich zu beantworten. Die Vierjährige strahlt über das ganze Gesicht. „Das ist ja toll! Dann können sie dort bestimmt so viele Schnecken essen wie sie wollen, weil hier gibt es ja gerade keine!"

Nightmare on Silvester

In Anbetracht der Tatsache, dass wir freiwillig im „Problemviertel" Augsburg-Oberhausen blieben, will ich eigentlich nicht meckern. Weder die omnipräsente Tuningszene an der Tankstelle nebenan, noch der Umstand, dass „mein Ghetto" immer mehr zugebaut wurde, hielten uns davon ab den buntesten aller Stadtteile einen hübschen grünen Klecks namens CityFarm zu verpassen. Jetzt birgt dies aber zum Jahreswechsel gewisse Probleme. Leider begann die traditionelle Tortur für Mensch und Tier nicht am Neujahrsabend. Oh Nein! Schon kurz nach Verkaufsbeginn der lauten Explosivstoffe hallten die ersten Kanonenschläge durch unser geliebtes Oberhausen.

Trotz Silvesterkrach schmeckt der Containersalat!

Diese lokale Nähe zur dicht besiedelten Stadt war zu dieser Zeit wohl der größte Nachteil des City Anteils unserer kleinen Farm. Nun ereignete sich Jahr für Jahr zu Silvester der gleiche, entschuldigen Sie bitte die Wortwahl, Bockmist. Angetrunkene Jugendliche zogen mit Böllern und Raketen in die Biotope und marodierten. Kein Mauseloch, kein Briefkasten und auch kein Stall war sicher. Weder der Müll wurde weggeräumt noch auf die sich in Winterruhe befindenden Wildtiere Rücksicht genommen.

So ergab es sich in der Dämmerung am Neujahrsabend, dass eine Handvoll Minderjähriger sich einen Spaß daraus machten, sowohl unsere Kaninchen als auch unsere Schafe Luftsprünge machen zu lassen. Nicht indem die fehlgeleiteten Jugendlichen Leckereien fütterten, ganz im Gegenteil. Diese Bengel warfen Böller in den Kaninchenstall und ins Schafgehege um sich darüber zu amüsieren wie die armen Tiere in heilloser Panik auseinander stoben.

Man vermag sich auszumalen wie meine Wenigkeit auf diese Schandtat standepedes reagierte. Fuchsteufelswild! Noch mit der Mistgabel in der Hand setzte ich zum Spurt an, schwang mich über den Zaun und stellte die Halunken. Mindestens eine viertel Stunde habe ich diese ******* angeschrien, beschimpft und gescholten, immer noch mit der Mistgabel im Anschlag. Die Jungs hatten so richtig Angst vor mir, was sich daran zeigte, dass sich der Jüngste in der Runde gleich einmal einpinkelte. Im Nachhinein reut es mich die Polizei nicht gerufen zu haben, denn eigentlich wäre dieser Anschiss

Sache der Eltern gewesen. Doch dieses Intermezzo erteilte uns eine wichtige Lektion: Um Silvester MUSS jemand die Tiere bewachen! Eigentlich hatte ich nicht vor diese Nacht auf der Farm zu verbringen. Im trauten Heim bei der Liebsten mit gutem Essen und besinnlichem Jahresausklang war eher der Plan. Doch daraus wurde Nichts. Zwangsweise machten wir aus der Not eine Tugend, schürten ein wärmendes Feuer, suchten eine Handvoll Decken zusammen, um der Dinge zu harren die da kamen. Zunächst gesellte sich unser Macedone, der zu Sonnenuntergang seine Tauben versorgte, zu mir. Nach und nach kamen spontane Freunde hinzu, die die Ruhe der CityFarm einer durchgefeierten Silvesternacht in einem Club vorzogen.

Daheim bei meiner Frau zeichnete sich ein weiteres Drama ab. Unser „neues" Hündchen offenbarte eine minnimale Abneigung gegen Feuerwerk. Sie verfiel beim ersten Kracher in heillose Panik, verweigerte über Tage hinweg jegliche Nahrungsaufnahme, solange bis der Böller-Spuk endgültig vorbei war. Die fluffige Dame auf vier Pfoten kann sich dann auch oft nicht entscheiden wo sie sich verkriecht. In ihrer Kopflosigkeit versuchte sie mehrfach in den verschlossenen Fahrradanhänger zu hüpfen, blieb gerne mal im Versuch ins Haus zu kommen in der viel zu kleinen Katzenklappe stecken oder spurtete aus unerfindlichen Gründen einfach los, scheppert es in der Ferne. Wir mussten sie mit Gewalt während der drei Tage vor und nach Silvester aus ihrer persönlichen Filzhütte zerren, da sie sonst platzen würde. Das meine ich wörtlich, denn unser braves Hündchen würde NIEMALS in ihre Wohnung pieseln, eher würde sie an innerlicher Harnimplusion sterben. Der knappe Kilometer von unserer Wohnung bis zur Farm war deswegen für das arme Tier unzumutbar. Somit blieb meiner frisch angetrauten Ehefrau nichts anderes übrig, als das verschreckte Hündchen kurz alleine Zuhause zu lassen, um der solidarisch zusammengekommenen Wächtergemeinschaft eine zünftige Mahlzeit zukommen zu lassen.

Böller machen auch mir schlechte Laune!

Dafür war ihr die elustre Männerrunde aufrichtig dankbar. Schnell wurde klar, dass unsere Präsenz mehr als nur notwendig war. Sonst schlief ja seltenst jemand auf dem Gelände der CityFarm, da wir ausdrücklich im Vertrag stehen hatten, dass niemand dort wohnen durfte. Doch in der Silvesternacht gilt der Ausnahmezustand.

Eine zwanzigköpfige Großfamilie zog schwer mit Feuerwerk bepackt vor unsere Haustüre, damit dort auf offener Flur der Jahreswechsel mit allem Pomp begangen werden konnte. Dies machten sie bereits seit Jahren, so ihre leicht pampige Ansage. Spätestens jetzt war ich froh wehrhafte, männliche Unterstützung in meinem Rücken zu wissen, denn die Feierwilligen würden kaum freiwillig abziehen.

Glücklicherweise zeigten sich die ungebetenen „Gäste" nach kurzer Diskussion einsichtig und verlagerten ihre Party auf den Parkplatz von Beathe Use. Mittlerweile freue ich mich auf den Jahreswechsel, da wir durchorganisiert und passend gekleidet in einer festen Männergemeinschaft zusammenkommen, um den Tieren ein ruhiges Silvester zu garantieren.

Gedanken um die Zukunft

Im Sinne der Wahrheit nehme ich mal in meiner Verantwortung als Autor kein Blatt vor dem Mund. Frei heraus gesagt: Wir fressen unserem Planeten die Haare vom Kopf! Keine Spezies vor und hoffentlich auch nach uns vertilgte in derart kurzer Zeit eine vergleichbare Menge Biomasse. Selbstverständlich hängt diese Tatsache mit dem von weiten Teilen der Weltbevölkerung angestrebten Lebensstil des Westens und unserer Art zu wirtschaften zusammen. Bestes Beispiel ist die moderne Form der Milchviehhaltung, inclusive unser typisch bayerisches Fleckviehs.

Glückliche Almkuh... Eine Seltenheit!

Fisch und Knochenmehlmehl als primäre Eiweisquelle für steuersubventionierte Milch, machen die Wiederkäuer zum weltweit führenden Fleischfresser noch vor Hunden, Katzen und ja, auch dem Menschen. In Anbetracht der Tatsache, dass wir in Mitteleuropa 2019 ohne Globalisierung einer legendären Hungersnot ins Auge geblickt hätten, wäre es dringend angeraten die europäische Art und Weise, wie mit Nahrungsmittel umgegangen wird, zu überdenken.

Wir Deutschen leben, was die lokal produzierte Grundversorgung angeht, in einem geteilten Land. Südlich der Mittelgebirge haben wir zwar mit Ernteeinbußen, bedingt durch die lange Trockenheit zu kämpfen, doch drohte uns kein Totalausfall. 400 Kilometer nördlich stellt sich die Niederschlagssituation deutlich desaströser dar. Im Bundesdurchschnitt beläuft sich das Niederschlagsdefizit auf 110 Millimeter pro Quadratmeter. Mit Blick auf Thüringen und Sachsen, für die verlässliche Zahlen vorliegen, verdoppelt sich dieser Wert gleich mal auf über Zwanzig Zentimeter fehlender lebenspendender Feuchtigkeit.

Das entspricht einem Ernteverlust von 40 Prozent, in manchen Teilen ehemaliger landwirtschaftlicher Produktionsgesellschaften sogar über 75 Prozent. Bei uns auf dem Gelände sahen die Folgen gerade 2018 ähnlich aus. Mais? Fehlanzeige! Kürbisse? Immerhin zwei Kisten, nur ist das Nichts im Vergleich zu den Schubkarrenladungen der vergangenen Jahre. Unglücklicherweise schlugen sich die Ernteeinbußen eins zu eins auf die Preise nieder. Doch nicht für uns Deutsche! Unser Essen wird bezuschusst! Ohne die staatlich subventionierten Getreideprodukte wäre unser tägliches Brot um fast fünfzig Prozent teurer. Laut amtlicher Statistik sind schon allein die Erzeugerpreise der Bauern um über dreißig Prozent pro Kilogramm Getreide nach oben geschossen. Das würde für uns in der Bäckerei bedeuten mindestens ein Drittel mehr pro Brötchen zu bezahlen als im Vorjahr. Haben sie denn bemerkt, dass die Auslagen dünner geworden sind oder Brötchen teurer? Nein? Wir auch nicht!

De Facto wäre das in Deutschland geerntete Getreide sowieso Ende Dezember aufgebraucht und wir würden vor komplett leeren Auslagen stehen. Aber was dann? Die einfache Antwort lautet: Weltmarkt! Dass wir damit zwar den Ärmsten der Armen die Stulle vom Teller kaufen ist in unserer globalisierten Gesellschaft völlig akzeptiert. Es muss schließlich niemand demjenigen in die Augen schauen, dem er gerade sein Abendbrot weg isst. Würden wir zeitgleich nicht kollektiv solche Unmengen essbarer Nahrungsmittel in die Mülltonne hauen, wäre die Situation nicht so skurril. Doku Empfehlung: „Frisch auf den Müll, Die globale Lebensmittelverschwendung".

Kaum besser steht es um die Versorgungslage außerhalb leistungsstarker, Gewinn orientierter Mastbetriebe, beispielsweise Kleinbauern. Heu ist Mangelware! Wurden die begehrten Ballen 2017 noch mit dreißig Euro gehandelt, musste man 2018 bereits das Dreifache berappen. Wie wurde dieses Dilemma gelöst? Man importierte im großen Maßstab Heu aus Polen, schließlich zahlten die Deutschen gut. Aber was fressen jetzt die armen polnischen Pferdchen? Die

Reste? Eher nicht! Frei heraus: Sie fressen gar nicht mehr! Schlachthäuser haben in solchen schweren Zeiten Hochkonjunktur. Schafe, Pferde, Ziegen und andere Pflanzenfresser werden im großen Stil gemetzgert und landen über kurz oder lang in irgendeinem europäischen Discounter als Salami. Wer es sich hierzulande leisten kann und will, muss halt auf Importware zurückgreifen.

Wo hast du unser Heu versteckt?

Selbst hier in der von Regen gesegneten bayerischen Provinz bekamen wir unsere Viecher kaum noch satt. Nicht umsonst steht neuerdings eine Herde Krainer Steinschafe auf unserer Koppel. Ihr ehemaliger Besitzer hatte die Wolllieferanten aufgrund der Dürre nicht mehr ausreichend füttern können. Die Weiden, die die letzten Jahre vollauf zur Versorgung der Krainer genügten, waren bis auf den letzten Grashalm ratzekahl gefressen. Heuzukauf im Sommer und der damit verbundene finanzielle Mehraufwand wäre zu viel gewesen.

In einer Hauruck-Aktion siedelten die hübschen Sympathieträger zu uns über. Klüngelten sie anfangs noch untereinander und beäugten die Neuankömmlinge ihre zukünftigen Gefährten kritisch, sind sie nunmehr zu einer geselligen Gruppe mit unseren Skudden zusammengewachsen.

Imker, Imker du musst wandern

Kurz vor unserem ersten offiziellen „Tag der Offenen Tür"
brachte uns eine staatlich-hoheitliche Mitteilung massiv ins
Schwitzen. Das Veterinäramt würde zu Besuch kommen.
Kollektive Panik brach auf der Farm aus und veranlasste uns,
insofern möglich, Ställe Gehege und Bienenbedarf auf
Hochglanz zu polieren.

Ein Hühnerstall wird immer ein Hühnerstall bleiben und ist
gar nicht hundertprozentig steril zu bekommen. Wir
schrubbten ihn trotzdem! In der darauf folgenden
Betriebsamkeit ging zu meinem Bedauern der Tag der
offenen Tür ein wenig unter, aber wir hoffen allen Besuchern
hat es trotzdem gefallen! Wir bitten nochmals um
Verzeihung, dass wir keine Zeit für unsere Gäste hatten.
Zumindest konnte der Amtsarzt jetzt kommen. Zum Glück
gab es keinerlei Beanstandungen seitens des Veterinäramtes,
nur dass die Schafe und Ziegen noch Ohrmarken bekommen
mussten. Puh, da fiel uns aber ein Stein vom Herzen und es
ist ein gutes Gefühl, wenn das Amt sagt: alles Bestens bei
euch! Ich sag euch so sauber und geschleckt sah die Farm
selten aus!

Die ganze Farm? Nein! Eine von unbeugsamen Imkern
besetzte Hütte leistete Widerstand! Uns ist schleierhaft ob
sich mein Imker schämte seinen Fehler zu gestehen, oder ob
er einfach zu faul war sein Chaos zu beseitigen. Man muss
dazu sagen, dass ich dem langjährigen Bienenvater gänzlich
freie Hand ließ, da er sich eigentlich als vertrauenswürdig

erwiesen hatte. Zu Anfangs half ich dem halb blinden Herrn noch bei kleineren Aufgaben, doch bald genoss er die Unterstützung einer „alten Bekannten", womit ich dachte aus dem Schneider zu sein. Mittlerweile weiß ich: „Vertrauen ist gut, Kontrolle ist besser!" Jedenfalls entdeckte ich bei meinem abschließenden Kontrollrundgang, (glücklicherweise vor der Amtsarzt kam) zwei unter einer Plane versteckte Bienenkästen.

Am Bienenschwarm Hand angelegt!

In Erwartung gereinigter Bienenkästen lugte ich unter die Plane. Mich traf der Schlag als ich den Deckel anhob. Alle Bienen tot! Die Waben bereits von Wachsmotten befallen und der übrige Honig, samt Brut am Schimmeln. Der Geruch der mir aus dem Bienenfriedhof entgegen schlug, kann nur mit infernalisch widerlich beschrieben werden! Das Gemetzel konnte also kaum länger als ein paar Tage her sein. Der erste Strike für unseren Altimker! Aber was war geschehen? Während meinen Nachforschungen fielen mir im extra dafür angeschafften Tresor zwei leere Flaschen Ameisensäure in die Hände. Die waren eigentlich für die Varroa-Sommerbehandlung des Folgejahres gedacht.

Sofort zog ich den logischen Schluss und kontrollierte die noch gesunden Völker. Was ich befürchtet hatte: Schwammtücher voller Säure offen auf den Waben liegend. Ein weiterer Strike für unseren Altimker! Der Fall lag klar auf der Hand. Ich will nicht verhehlen, dass ich leicht angesäuert war, ok genauer gesagt: Stinkwütend! Immerhin kostete mich ein Kilogramm Bienenmasse bereits zu dieser Zeit einhundert Euro!

Als ich den Herrn mithilfe eines Russisch-Übersetzers zur Rede stellte, trat seine leicht antiquierte Herangehensweise an das großartige Handwerk endgültig ans Tageslicht. Ehrlicherweise muss ich dazu sagen, dass Anfang der siebziger Jahren, als mein Imker die Kunst des „Patschiliwutzda" erlernte, die Zukunft noch sehr rosig wirkte. Als Wanderimker mit eigenem LKW durch die kasachische Steppe zu donnern, wobei Ameisen die größte

Bedrohung für die Bienchen darstellten, kann mit den heutigen Herausforderungen kaum verglichen werden. Die Bedrohungen für die possierlichen Stechimmen sind dank Varroa, Faulbrut und Co. einfach unterschiedlich gelagert. Trotz der Differenzen bemühte ich mich wirklich um einen Kompromiss. Als dann die meinerseits angebotene Hilfe, wahrscheinlich aus gekränkter Eitelkeit, ausgeschlagen wurde, fiel der Tropfen der mein Geduldsfass zum Überlaufen brachte. Der dritte Strike! Ein Generationswechsel wurde unumgänglich...

Der Neustart im Imkerhäuschen ging deutlich langsamer vonstatten als wir erwartet haben. Fast ein Jahr lang bewegte sich gar nichts. Zugegeben, die Nachwehen der „Besatzung" bedeuteten für mich Wochen ununterbrochener Rödelei. Das Dach der „Datscha" musste komplett saniert werden, der Innenausbau zum Imkereimuseum dauerte auch seine Zeit und die Beseitigung der ausladenden Holzstapel war dank hunderter heraus stehender Nägel weder für Mensch noch Motorsäge ein Zuckerschlecken. Auf eine Anfrage über die sozialen Netzwerke hin, meldete sich die Vorsitzende eines regionalen Imkervereins. Die nette Dame stellte uns, nachdem der in Ungnade gefallene Herr Altimker alle überlebenden Stöcke mitgenommen hatte, einen Bien zur Verfügung. Ein richtig echtes „Wirtschaftsvolk", von dem wir sofort einen Ableger machten. Zusätzlich erwarb ich noch ein Volk mit einer „bösen Königin", um einen breiten Genpool zu erhalten. Warum „böse"? Weil Wissenschaftler herausgefunden haben, dass die Stechlustigkeit auf dem gleichen Gen sitzt wie der Putztrieb. Ergo sind stechlustige

Bienen auch saubere Bienen. Zwar unangenehm für den Halter aber in Kombination mit kleineren Wabenzellen bekommt man damit die „Varroa Destructor Problematik", zumindest zum Teil, in den Griff.

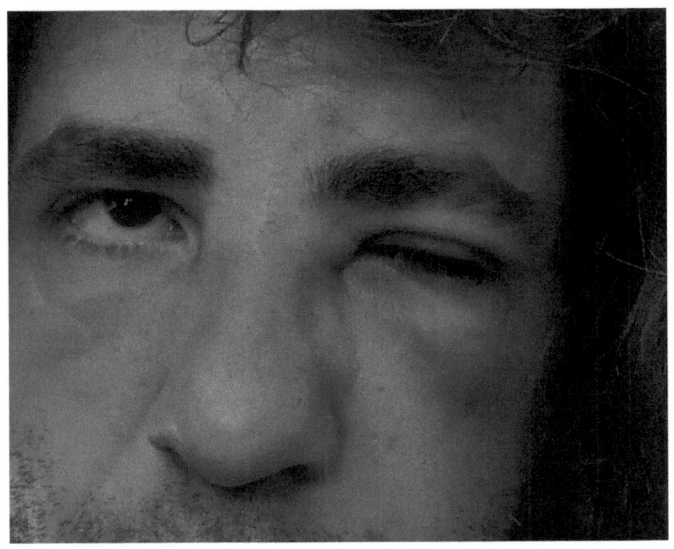

Imkerleid... Bienestiche in die Augen!

Genaues Beobachten und die obligatorische Säurebehandlung war trotzdem unabdingbar. Die Vereinsvorsitzende fuhr sogar mit mir zum Imkerei-Ausstatter bei dem ich gleich mal zuschlug, denn erst ab drei Bienenkästen kann man vernünftig mit den stechenden Insekten arbeiten. Von nun an wollte ich ALLES rund um die Hautflügler selber machen. Dann kam der Frühling. Das Wetter lud die Bienen zur Vermehrung ein. Gleich alle drei

Völker schwärmten und konnten glücklicherweise recht schnell von uns eingeschlagen werden.

Gigantischer Schwarm... Vier Kilogramm!

Der viele Regen und die warmen Perioden dazwischen, gaben der Vegetation ordentlich Schub, sodass es überall grünte und blühte. Da freuten sich natürlich die Bienen über Nektar und Pollen. Die Jungvölker waren derart fleißig, dass die Beuten binnen eines Monats voller Brut waren. Ich persönlich überwintere meine Bienen im „eigenen Honig". Das bedeutet, dass die Medizin der Hautflügler möglichst zur Gänze in den Stöcken verbleibt und nur wenn kein Platz mehr für die Eiablage der Königin vorhanden ist, volle Rähmchen durch Leere ersetzt werden. Sollten zum Winter hin die Stöcke zu leicht werden, füttere ich selbstverständlich trotzdem Zuckerwasser, was glücklicherweise nur einmalig im schlimmsten Dürresommer notwendig wurde.

Die Honigräume meiner Imkermamma waren im Gegensatz zu meinen Jungvölkern prall gefüllt. Mir ist durchaus bewusst wie viel Arbeit die Honiggewinnung macht. Unserer Unterstützerin war der Mehraufwand egal, wofür wir sehr dankbar waren. So ergab es sich, dass wir einen kleinen Honigverkauf anbieten konnten. Der Erlös wurde in einer klassischen absperrbaren Kasse im wiederum absperrbaren Bienenhaus verwahrt, schließlich gehörte das Geld nicht der CityFarm.

Eines Morgens bemerke ich schon beim Betreten der Farm, dass die Türe zum Materiallager sperrangelweit offen stand. Mir schwante Übles. Während der sofortigen Kontrolle stolperte ich bereits auf halbem Weg über ein Teil des Türschlosses. Wir ärgerten uns schon fast nicht mehr, da Einbrüche leider zum „Tagesgeschäft" gehörten. So schlimm es klingen mag aber man gewöhnte sich daran. Jedenfalls war der gesamte Honig, die Geldkassette, mein Blasebalg und warum auch immer meine Stethoskope spurlos verschwunden. Die medizinischen Gerätschaften durften lernwillige Kinder zum Abhören der Bienengeräuschkulisse im Stock verwenden. In der kalten Jahreszeit halfen sie mir zuverlässig die Position der Wintertraube zu bestimmen. Ein zu verschmerzender Verlust. Der Diebstahl des Geldes wiegte da schwerer. In der folgenden Woche gestand ich meiner Imkermamma den Einbruch. Ich war bereit ihr das

Diebesgut auf Heller und Pfennig zu ersetzen! Sie beteuerte mir ihr Verständnis für die Situation, doch das waren anscheinend nur Floskeln. Als sie nach Wochen des eisernen Schweigens zu Besuch kam, um ihr „Holz" (Fachchargon für Rähmchen und Beuten) zu holen, eröffnete die Dame mir, dass sie nicht mehr helfen könne. Der Einbruch ging ihr dann wohl doch näher, als sie behauptet hatte.

Trotz dieses abrupten Abgangs bin ich der Koryphäe in Sachen Imkerei sehr dankbar. Nicht nur, dass ich wirklich viel bei ihr gelernt hatte, sondern auch, dass mir die Gute einen fachkundigen Unterstützer zur Seite stellte. Der junge Mann ging wie selbstverständlich auf der CityFarm ein und aus. Es half wo er konnte, wobei die Tatsache, dass sich seine Familie bei uns recht wohl zu fühlen schien, wohl auch sein Scherflein für seinen Einsatz beitrug.

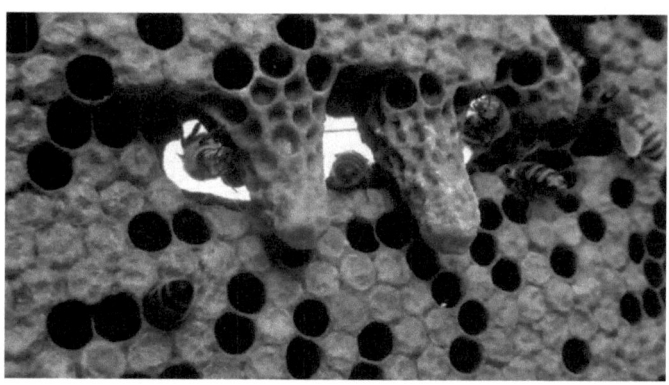

Zwei perfekte Weißelzellen!

Soziale Kontrolle

„Mein Ghetto, mein Bezirk, mein Block, meine Stadt!"
Dieser gewöhnungsbedürftige Song plärrte nahe der
CityFarm aus einem Gebüsch. Das erweckte sofort mein
Interesse. Wir waren eigentlich gerade dabei die zukünftigen
Schafweiden abzuschreiten, um uns einen Überblick über die
anstehenden Arbeiten zu verschaffen. In einer Senke
entdecke ich ein provisorisches Zelt aus Plastikplanen,
umgeben von Unrat, wie kaputten Flaschen und
Kackehäufen. Vorsichtig luge ich in die löchrige Behausung.
Ein Bild des Jammers und der Verwahrlosung offenbarte sich
mir. Siechende Gestalten blicken mich aus trüben Augen an.

Bereits im letzten Sommer als wir noch keine Schafe unser
eigen nannten, haben wir bei Müllsammelaktionen Indizien
gefunden, die darauf hinwiesen, dass sich Junkies hier
gelegentlich einnisteten. Jetzt hatte ich sie leibhaftig vor mir.
Spritzen und Kondome in benutztem und unbenutztem
Zustand säumen den Zelteingang. Plastikflaschen die
aussahen als wäre sie voller Urin lagen neben den kaum
ansprechbaren Süchtigen. In Anbetracht der Tatsache, dass
wir regelmäßig in der Gegend mit Kindergruppen arbeiten,
war ich nicht bereit meine neuen „Freunde" an diesem Ort zu
akzeptieren. Zunächst boten wir Hilfe an. Die wurde mit
einem „Verpiss dich Alter!" abgeschmettert. Logischerweise
bat ich die Bande anschließend höflich aber mit Nachdruck
zu verschwinden. Sie befanden sich zwar nicht auf
Privateigentum, trotzdem waren die Krötenbiotope des
Landschaftspflegeverbandes eindeutig kein geeigneter

Rückzugsort. Als sie nach zwei Tagen ihre ungewaschenen Hinterteile immer noch nicht bewegt hatten, platzte mir der Kragen. Ich wandte einen simplen Trick an, um der Lage Herr zu werden. Wir zäunten das ganze Gelände mit Stromlitzen ein, schließlich sollten hier binnen Wochenfrist unsere Schafe weiden. Dann setzte ich dem ungebetenem Volk die Pistole auf die Brust. „Verschwindet, sonst rufen wir die Polizei!" So schnell konnten wir gar nicht schauen, da nahmen die Vagabunden die Beine in die Hand. Ob aus Paranoia, wegen Verlustängsten oder laufenden Haftbefehlen konnte ich nur mutmaßen. Jedenfalls zeigte alleine die Drohung mit der Ordnungsmacht die erwünschte Wirkung.

Unglücklicherweise hinterließen sie ihre Behausung ohne einen weiteren Handstreich zu tun, womit an uns die Aufgabe hängen blieb ihr wahrhaft widerwärtiges Chaos zu beseitigen. Die mähenden Rasenmäher auf vier Beinen dankten es uns, denn offen herumliegende Injektionsnadeln und zerborstene Flaschen sind eine Gefahr für Leib und Leben der Tiere. Das war leider nicht die einzige Eskapade mit problematischem sozialen Klientel. Wie am Anfang des Buches bereits erwähnt, wurde die ehemalige Kiesgrube eine ganze Weile als Schuttplatz und wilde Müllhalde zweckentfremdet.

Meiner Meinung nach befinden wir uns ja in einer der schönsten und traditionsreichsten Ecken Augsburgs. Eine alte Römerstraße säumt den Weg, denn ganz in der Nähe befand sich das erste von den wilden Fluten des Lechs hinweggefegte Römerkastell. Die letzten Fetzen bäuerlicher

Infrastruktur erhält extensiv genutztes Grünland, das das Auge gerade im Sommer verwöhnt. Artenreiche Blumenwiesen ziehen Horden schwirrender Insekten an, die wiederum für eine Vielzahl von selten gewordenen Vögeln die Nahrungsgrundlage bieten. Hunderte sibirische Saatkrähen überwintern sowohl im Nordfriedhof, als auch in erstaunlicher Nähe zu unseren Schafen, auf denen die frechen Vögel gerne mal rumhocken. An den Scharen erholungssuchender Städter mit Kinderwägen und Hunden sieht man, dass solche in der erlaufbaren Stadtperipherie verankerte Oasen notwendiger sind denn je.

Man mag meinen diese Form von Naherholungsgebiet sei schützenswert und in einer aufgeklärten Gesellschaft würde niemand mehr Unrat in der Natur entsorgen. Weit gefehlt. Aus der Vergangenheit heraus wurde die aufgelassene Kiesgrube, auf der neuerdings die CityFarm Quartier bezogen hat, traditionell zur Verklappung genutzt. Viele unserer alteingesessenen Gäste aus der Generation Siebzig-Plus können ein Lied von dieser Zeit singen. Gerade die befreundeten Biogärtner aus der Nachbarschaft nehmen dabei auch kein Blatt vor den Mund, wenn es darum geht die Missstände von damals anzuprangern. Einige haben sogar selbst zugegeben Bauschutt, Grüngut und unerwünschte Einrichtungsgegenstände, zu einer Zeit als ich noch nicht einmal geboren war, dort versenkt zu haben. Leider ist in so manchen Schädel noch nicht durchgedrungen, dass Sperrmüllabholung und Co mittlerweile !umsonst! von der Stadtverwaltung angeboten wird. Nichtsdestotrotz kam es immer wieder vor, dass Sofas, Häufen mit vergammelten

Pressspahnplatten, volle Alt-Ölkanister, Fensterscheiben, Autoreifen, Asbestplatten oder ganze Lkw Ladungen mit Styropor einfach ins Biotop vor unserer Haustüre gekippt wurden.

Einen Vorteil hat das Ganze! Unter den Müllmännern der AWS habe ich gute Freunde gefunden, die sich ein Loch ins Knie freuen, wenn sie bei uns in offizieller Mission vorbeischauen dürfen. Nicht nur, dass es immer Kaffee und Kuchen bei uns gibt, sondern auch, dass wir wie selbstverständlich mit anpacken, wenn es darum geht die Verschandelung der letzten Reste Oberhauser Natur zu beseitigen. Weswegen ich diese Verhaltensunart hier erwähne ist, dass es auch sehr dumme Umweltsünder gibt.

Hausmüll... Adresse lag bei!

Immer wieder fanden wir unter dem zurückgelassenen Müll Papiere die eindeutig einer Person zugeordnet werden konnten. Manchmal waren es Bankauszüge, gelegentlich Kartonagen auf denen noch ein Post Code klebte oder gleich ein in Fetzen gerissener, abgelaufener Reisepass. Ja so dämlich sind manche „Verbrecher". Bei einem besonders großen Haufen illegal entsorgtem Styropor, Plastikfolien und zerbrochenen Ytongsteinen fanden wir einen Lieferschein. Das Datum darauf verriet, dass diese „Reste" zu einem Neubau gehörten. Des Weiteren enthielt der Lieferschein auch einen Namen mit einer dazugehörigen Firmenadresse.

Jetzt ergab es sich, dass wir gerade Besuch von einem hohen Tier aus dem Tiefbauamt hatten, als wir die Sauerei entdeckten. Die Boss-Lady wollte mit uns eigentlich nur in Ruhe die Vertragsbedingungen bezüglich einer Beweidung am Rande der Bundesstraße besprechen. Beim Anblick des Ökofrevels bleckte die umweltbewusste Dame die Zähne. „Das wird teuer!" Sofort zückte sie ihr Handy, schoss Beweisphotos unterrichtete die zuständigen Behörden, erstattete Anzeige und begann grob zusammenzurechnen welche Strafe den Verursacher erwartete. Bedenkt man, dass bei einer Menge über fünf Kubikmeter Müll die Mindeststrafe bei 800 Euro beginnt und nach oben hin theoretisch keine Limits gesetzt sind, wollte ich nicht in der Haut des Firmeninhabers stecken. Die herbei geeilten Spezialisten der Polizei stellten zusätzlich fest, dass es sich bei der Firma um einen „alten Bekannten" handelte. Mit den Worten: „Der Herr XYZ.. ist eindeutig ein

Wiederholungstäter! Dem werden wir einen Denkzettel verpassen der sich gewaschen hat!", verabschiedeten sich die Uniformierten und brausten davon. Seitdem haben wir kaum mehr Probleme mit illegal entsorgtem Bauschutt auf und um unsere Schafweiden! Stück für Stück gelang es uns in Kooperation mit den Anwohnern, der Polizei, sowie der Augsburger Verwaltung die „Ordnung" wiederherzustellen. Dieser Umstand lieferte der Stadt ein weiteres gewichtiges Argument uns auch in Zukunft zu unterstützen. Die CityFarm bringt soziale Kontrolle in die von Vielen vergessene Sackgasse am Gablinger Weg!

Wir wollen keinen Müll in unserem Essen!

80

Hausgemachte Zahlenspinnerei

Mein Vater sagte immer zu mir: „Was er nicht fressen kann, macht er kaputt!" Da ist etwas Wahres dran! Als Jungbauer bin ich nun einmal leicht grobmotorisch veranlagt. Hinzu kommt der omnipräsenter Dreck, die Nässe und die mechanische Belastung durch Arbeit die unseren täglichen Gebrauchsgegenstände ausgesetzt sind. Meine Liebste meinte einst schalkhaft, als beim „Heuballen-schubsen" mein in der Hosentasche geborstenes I-Phone in Einzelteilen zerfiel: „Du wärst echt der perfekte Produkttester! Was deine Belastung aushält, kann ALLES ab!"

Doch kommen wir zum Wesentlichen:
Meiner Generation wird immer vorgeworfen nur Probleme aufzuwerfen aber keine Lösungen zu präsentieren…
Liebe Leser, für viele Menschen gemachte „Sünden" gibt es Alternativen, nur nutzen diese die Wenigsten. Das folgende Beispiel lässt sich auf alle Elektrogeräte projizieren: Jeder kennt das „I-Phone", manche vielleicht noch das „Fairphone" aber vom „Shiftphone" hat noch kaum jemand gehört. Googelt man „Handy und Nachhaltig" erscheinen zahlreiche Angebote mit Faitrade zertifizierten, voll reparierbaren Endgeräten. Im Jahr 2018 wurden 1,4 Milliarden Smartphones verkauft. Alleine auf die beiden „Marktführer" entfallen davon 500 Millionen verkaufte Geräte. Die stehen leider nicht unbedingt im Ruf auch nur einen müden Heller auf umweltbewusste Resourcengewinnung zu geben oder Interesse daran zu haben sauber zu produzieren. Ganz im Gegenteil! Obsoleszenz, also absichtlich eingebaute

Sollbruchstellen, zielen sogar darauf ab, dass unser Kram möglichst schnell nach Ablauf der Garantie kaputt geht. Für deren Entwicklung haben große Firmen, sogenannte „global Player", eigene Abteilungen eingerichtet. Stichwort Osram und Edison Glühbirne die nach über hundert Jahren bis heute in der Feuerwache in New York fortwährend brennt.

Essen aus der Tonne mit Fluffgepuff Garnierung!

Müsste da nicht eigentlich jedem vernunftbegabten Konsumenten die Hutschnur platzen, wie in der faszinierenden Dokumentation *„Kaufen für die Müllhalde"* beschrieben? Sollte nicht jeder Einzelne durch seine Konsumhandlungen daran arbeiten, dass die ausufernden Elektrohalden nicht noch größer werden, als sie sowieso schon sind? Wir Menschen haben die heutigen Sachen so erfunden wie sie jetzt sind. Wir sind auch in der Lage sie umzuerfinden, um aus einem One Way Verfahren in eine Kreislaufphilosopie zu kommen. Ist es nicht sogar unsere moralische Pflicht als aufgeklärte Europäer? Sie müssten nicht einmal auf ihr geliebtes iOs Android Mobiltelefon verzichten, nur ein wenig vor einer Neuanschaffung nachdenken! Geiz ist geil? Ja! Meistens ist eine „nachhaltige Lösung" günstiger, gerade wenn sie längerfristig denken. Nun fragen sie sich bitte selbst! Warum zur Hölle liegt der Marktanteil an reparierbaren Handys weltweit bei unter einem Prozent? Am fehlenden Angebot liegt es nicht!

Die folgenden Zahlen sind das Ergebnis ausgiebiger Recherchen rund um dieses Büchlein. Wer die Realtität gerne ausblenden will, der überspringe dieses Kapitel. Trotzdem: Auch wenn es die CityFarm nur indirekt betrifft, wollten wir Ihnen liebe Leser diese interessanten Fakten nicht vorenthalten.

Dank moderner Statistik wissen wir einiges über uns Menschen: Bedenkt man, dass die Weltbevölkerung erst 1804 die eine Milliarde Individuen Barriere durchbrach, scheint es verwunderlich, dass wir kaum zweihundert Jahre später bereits die acht Milliarden Marke ankratzen. 1933 knackten wir gerade mal die zwei Milliarden. In weniger als 100 Jahren kletterte trotz Weltkrieg, Hungersnöten und Pandemien wie HIV, mit Millionen Toten die Gesamt-Population zielstrebig auf das Vierfache!

Rein rechnerisch begeht unsere Spezies momentan ca. 3000 Geschlechtsakte pro Sekunde, woraus stündlich 39600 Schwangerschaften resultieren, pro Tag werden also 950400 Frauen froher Hoffnung! De Facto produziert die Masse Mensch aktuell aber vier Kinder pro Sekunde, was pro Tag nur 345 600 Neugeborenen entspricht. Wer mitgerechnet hat dem stößt die Differenz von 604800 fehlenden Geburten eventuell sauer auf. Was ist da los? Einfache Antwort: Alle drei Sekunden legen sich bis zu fünf Frauen zur Abtreibung unters Messer, größtenteils unter prekären Bedingungen.

Bei diesen Zahlen wundert man sich: Wäre es nicht leichter gleich zu verhüten? Ob dieser unglaubliche Umstand an mangelnder Bildung, fehlendem Zugang zu Präservativen, oder religionsbedingten Dogmen und Verboten hängt, lässt sich nur spekulieren. Unsere Lösung ist einfach: Wir haben keine eigenen Kinder, denn hilfsbedürftige Seelen gibt es wahrlich genug! Im Moment stehen sowieso zwanzig Fettleibige nur einem hungernden Menschen gegenüber. Liegt das vielleicht daran, dass pro Sekunde etwa 700 Fehlgeleitete eines der 32000 einschlägigen „Schnell-Restaurants" betreten?

Ahoi, Schlauchboot oder Gummistiefel?

„Hurra, diese Welt geht unter!" Gerade wenn man denkt es geht nicht mehr, kommt von irgendwo ein Schauer her. Unglücklicherweise genau zum falschen Zeitpunkt. Sowohl in der Welt der Schäferei, als auch in der des Gartenbaus benötigt man durchaus auch trockene Phasen. Jetzt ergab es sich nach ausgefallener Winterkälte und dem verregnetestem Frühjahr seit CityFarm Gedenken, dass unsere Weiden samt Stall Zentimeter hoch unter Wasser standen. Für einige wenige Tage wäre das ja in Ordnung gewesen aber über Wochen?

An ein normales Arbeiten war kaum mehr zu denken, denn unsere Wollnasen begannen plötzlich durch die Bank zu humpeln. War das der bäuerliche Supergau? Die unheilbare Moderhinke? Eine Bestätigung von Ildis Verdacht wäre einem Todesurteil gleichgekommen! Der eilig hinzugezogene, wirklich schweineteure Spezialist nahm unsere Sorgen nur bedingt ernst: „Also, zum einen habt ihr Skuddn, die haben grundsätzlich keine Klauenprobleme und wenn, dann nur Zwischenspaltenzündungen durch den Dreck und die Nässe! Legt halt den Stall ganz trocken und sperrt die Viecher ein!" Mit diesem lapidaren Satz ließ er uns stehen. Zumindest verpasste er uns Desinfektionsmittel für Klauenbäder, doch nicht einmal eine Begutachtung der Patienten hielt er für nötig. Denke ich darüber nach steht mir bis heute der Mund vor Verblüffung über diese Arroganz weit offen. Wir die engagierten, dem Tierwohl verpflichteten Cityfarmer nahmen uns diese Worte trotzdem sehr zu Herzen. Nicht, dass wir die Absicht hatten unsere Herde dauerhaft einzusperren. Das wäre alleine schon wegen der bei uns „deponierten" garstigen Ziege „Klara" nicht gegangen. Deren liebstes Hobby war es die halb so großen Wikingerschafe herumzuschubsen. In beengten Räumlichkeiten gekoppelt mit aufkommender Langeweile und Frust hätte diese Konstellation (80 kg Ziege gegen 20 kg Schaf!) wirklich böse enden können. Am folgenden Tag entkernten wir also den kompletten Stall, samt Winterplatte. Alles musste raus.

Farmen ist oft eine matschige Angelegenheit!

Schubkarre um Schubkarre wanderte im Akkord auf den zum Schluss acht Meter langen zwei Meter breiten und drei Meter hohen Misthaufen. Dies alleine zog sich schon den gesamten Tag. Beim spontanen „Kurzbesuch" des nahe gelegenen Baustoffhändlers, um Löschkalk zur Desinfektion zu erwerben, kam mir die glorreiche Idee gleich einen massiven Holzboden für die Trockenlegung der Wolltiere mitzunehmen. Guter Dinge ließ ich den Gabelstapler eine ganze Palette Platten aufladen. Die Ernüchterung kam an der Kasse. Ein halbes Lehrer-Monatsgehalt! Aber was tut man nicht alles für die geliebten Tierchen?

Bis die Dämmerung einsetzte, war nicht einmal die Hälfte der Fläche mit einem tragfähigen Unterbau aus Paletten versehen, geschweige denn der Boden zugesägt und aufgeschraubt. Während im hinteren Teils des Stalls weiterhin fleißig ausgemistet wurde, bohrten, verankerten und schraubten wir Knöchel tief im Wasser stehend die neuen Bohlen an. Da war es bereits stockdunkel.

In der Zwischenzeit hatten sich unsere Ehrenamtlichen mit Kindern verständlicherweise verabschiedet, womit sich die Schar der Helfer arg ausdünnte. Ein winterharter Kern altgedienter Haudegen zog aber glücklicherweise die Aktion bis zum bitteren Ende durch. Gerade als die Turmuhr von der nahegelegenen Kirche „Sankt Martin" Mitternacht schlug, setzten wir die letzte Schraube. Erst als wir aufhörten zu arbeiten und ins Freie traten, bemerkten wir wie sehr wir bibberten. Im Fahrradchorso machten wir uns gemeinsam auf den Heimweg. Zuhause offenbarte sich auch warum sich meine Beine wie an der Hüfte angebrachte Eiszapfen anfühlten. Beide Arbeitsschuhe hatten den Geist aufgegeben und waren an der Seite unrettbar zerrissen, wodurch meine Füße wie eingeweichte Schildkröten aussahen. Den Schrumpel-Charakter verloren sie erst als die notwendige, spät nächtliche Badewanne überstanden und wir erschlagen ins Reich der Träume gefallen waren.

Leider hatten wir damit weder die Dauernässe hinter uns, noch waren die Füßchen der mähenden Meute gesundet. Dafür verpassten wir unseren Patienten regelmäßige Klauenbäder. Nun darf man sich das nicht wie einen Frühlingsspaziergang vorstellen. Jedes Wolltier muss dafür einzeln eingefangen werden. Anschließend sind die Klauen zu säubern, mit einer scharfen Hippe (gerundetem Messer) die Überstände an den Klauen zu entfernen, um letztendlich das oftmals unwillige Tier in das Bad zu verfrachten. Der Umstand, dass die milchige Plörre zwischen den Zehen brennt, ließ nicht nur die Böcke bockig werden. Gerade die Ziegen suchten auf Gedeih und Verderb einen Ausweg. Büßen musste das die arme Bauersfrau Ildi. Wie es sich für eine gestandene Schäferin gehört, stellte sie sich wie selbstverständlich in den Weg, trat eines der „Patienten" die Flucht nach vorne an. Gelang ihr es noch die liebenswerten Schwarznasenböcke Obi Wan und Kenobi im Zaum zu halten, hatte die Gute so ihre Probleme mit unserer adipösen Ziegendame. Während ich bereits den nächsten Probanden zu seinem Glück verhalf, herrschte an der Badestation Zeter und Mordeo. Klara versuchte sich mit roher Gewalt ihren Weg freizuboxen. Prellbock für die 80 Kilogramm gehörnter Ziegenmasse waren die Oberschenkel meiner Liebsten. Das Ergebnis waren Handteller große, extrem Druck empfindliche blaue Flecken. Tja so ist es leider: Wer farmen will, muss leiden!

Zusätzlich zu den Klauenbädern, gegen die sie sich auch beim zweiten Mal mit Zähnen und Klauen wehrten, ging die garstige Ziege zusammen mit den „lahmsten" Schafen in Quarantäne. Für einige Wochen wurde die kurz vor dem Abriss stehende nahegelegene Gärtnerei zweckentfremdet. Dort haben sich die angegriffenen Füßchen der gebeutelten Grasfresser schnell erholt.

Auch die Kaninchenwelpen brauchen es trocken!

Selbstversorgung leicht gemacht?

Verdammt Nein! Selbstversorgung ist selten „leicht"! Der Wille zur Arbeit ist DIE Grundvoraussetzung für ein "autarkes" Dasein. Es beginnt schon damit, dass man sich grundlegende Kompetenzen aneignen sollte, deren Erwerb hierzulande oftmals sehr kostspielig ist. Hauptgrund ist, dass die meisten alten Handwerkstechniken in Vergessenheit geraten sind, wodurch nur noch wenige „Meister" diese praktizieren. Ganz zu schweigen von den Errungenschaften der Moderne die Spezialwissen voraussetzen.

Schon einmal versucht eine Solaranlage ohne Vorkenntnisse zu installieren? Youtube sei dank, dass zumindest die „einfachen" Dinge des Lebens für lau erlernt werden können. Wer weiß denn noch was eine gute Erdmiete ausmacht in der Lageräpfel bis ins Frühjahr frisch bleiben, welche Pflanzen Saponine zum Wäschewaschen enthalten, oder wie man Lab aus Pflanzen für Käse herstellt?
Am Anfang steht immer die Frage: Kaufen oder selber machen? Das hat nicht nur etwas mit Kaufkraft zu tun, sondern mit Wertschätzung, Qualität, Neugierde, Experimentierfreude und natürlich einem „ökologischen" Bewusstsein. Der erste Gedanke, dass es ja billiger sei, etwas selbst herzustellen, stellt sich bei näherer Betrachtung aber oft als falsch heraus.

Hohe Konservierungs-Kunst!

Nicht nur die vielen Zeitstunden, die wir investieren (um etwas zu lernen und es dann anzuwenden), sondern auch die Verwendung qualitativ hochwertiger Rohstoffe kostet seinen Preis. Gerade die Lernerei durch Kurse und Wochenendausbildungen wird oft unterschätzt. Schon die alten Griechen beschworen als oberste Priorität „das Erlernen von Nützlichkeiten", denn „Weisheit ist die Anwendung von erworbenem Wissen" und „Wissen ist bekanntlich Macht". In unserem Fall ersetzen wir das Wort Macht wohl eher durch Freiheit und Selbstbestimmtheit. Nun hat dieser lebenslange Erkenntnisprozess so seine Tücken. Zu vielen Gelegenheiten sind wir mit unseren Selbstversorgerbemühungen mit Vollgas auf die Nase geflogen. Ob es eingeweckte Gläser voller Leckereien sind,

91

die in vollen Schränken bersten, oder Stromschläge die man sich bei unsachgemäßer Handhabung von Solarmodulen abholt, ist egal. Vergessen wir nicht die böse Käfermeute die unsere bereits getrocknete Bohnenernte vertilgte oder störrische Bienen-Königinnen die partout nicht in den Schwarmfangkasten wollten. Die Liste des Scheiterns ist vielfältig. Alleine die „Wollschöpfungskette" mit Schafhaltung, Scheren, Waschen, Pickern, Kardieren, um das Fasergold letztendlich zu Garn zu spinnen, die dann zu warmen Socken gestrickt werden, bedarf Unmengen Know-How und Equipment.

Fasergold!

Königsdisziplin ist meiner Meinung nach Kleidung zu filzen. Wäre es da nicht einfacher Industrieware zu kaufen? Einfacher ja, aber dann haben wir es ja nicht selbst gemacht! Wir wissen nicht wie es den Schafen ging, wie und wo im Verarbeitungsprozess die Umwelt belastet wurde, ob Maschinen oder Menschen die Arbeit verrichteten und ob

Letztere gerecht bezahlt wurden. Von den Transportketten durch die halbe Welt ganz zu schweigen. Welchen Fußabdruck man auch immer nehme, es wäre ein Riesiger! In unserem konsequenten Bestreben „aus dem Geld" zu kommen, wäre der Neukauf zusätzlich nicht sachdienlich, schließlich wollen wir ja möglichst „Geld-unabhängig" werden. Das ist systembedingt leider kaum machbar, weswegen wir bestrebt sind die nicht vermeidbaren Fixkosten gering zu halten und möglichst viel zu tauschen.

Doch kein Mensch kann alles können. Der letzte Universalgelehrte, Gottfried Wilhelm Leibnitz, ist schließlich vor 300 Jahren gestorben. Um ehrlich zu sein gestehe ich mir sogar ein bewusstes „Nicht wissen wollen" zu. Ignoranz ist ein Segen. Bei mir persönlich fehlt es definitiv bei Elektrotechnik, Computern und KFZ. Dafür stehen zum Beweis meines Lernwillens etliche Vollholzbänke, Tische und Hütten herum. Selbstverständlich ging auch dabei vieles schief. Meine Heimsuchung sind undichte Dächer und Trockenrisse durch fertig polierte Sitzflächen. „Learning by doing" durch „try and error", haben wir es einst spaßhaft betitelt. Allerdings ist dies sehr langwierig und manchmal frustrierend. Bei diesem lebenslangen Erkenntnisprozess sind wir aber glücklicherweise nicht alleine. Es bemüht sich ein jeder Cityfarmer die elementaren Grundkenntnisse der Selbstversorgung zu erlernen. Beim Garteln packt jeder mit an. Es gibt aber auch bei uns „Experten". Dies hat einen guten Grund: Fängt man einmal an sich mit einem Thema zu beschäftigen, zieht das oft mehrere Rattenschwänze nach sich.

Hochsommerliche Holzbeschaffung

Will man alles selber machen, ist es ein langer, steiniger Weg zum Endprodukt. Zum Glück gibt es aber Menschen, die wissen was wir benötigen, das Equipment haben und bereit sind, es weiter zu geben. So kann man sich oftmals den ein oder anderen „error" sparen. Bleiben wir bei dem Beispiel Wollkleidung: Am Anfang steht ein zweitägiger, amtlich anerkannter Sachkundenachweis, damit man Schafe überhaupt halten darf. Den Klauenschneidekurs belegte meine Liebste gleich nach Eintreffen der wolligen Bande. Nur bei den urtümlichen Haarschafen fällt im Frühjahr die lockige Pracht von selbst aus, alle anderen gezüchteten Schafrassen muss man scheren. Leider sind geübte Schaf-Friseure kaum mehr zu finden. Der Beruf gilt, wie Teile unsere mähende Bande, als vom Aussterben bedroht. Was aber machen wenn man niemanden findet, der die Schäfchen nackig macht? Richtig geraten! Natürlich mussten wir lernen die Schafschermaschine selbst zu schwingen. Diese Hürde hatten wir unter Zugzwang zu nehmen, nachdem unser langjähriger Scherer in Rente gegangen war und der Wanderscherer durch seine brutale Herangehensweise die Tiere, nett gesprochen, wenig pfleglich behandelte.

Schlussendlich fanden wir einen kompetenten Ausbilder. Dank der fachkundigen Anleitung jenes mehrfachen Schaf-Scher-Weltmeister, bekam Ildi den Dreh schnell raus. Schaf-Kung-Fu vom Feinsten. Der stämmige Kerl wurde in Neuseeland, dem Schafland schlechthin ausgebildet. Dort kennt man noch die wichtigsten Kniffe die hierzulande beinahe in Vergessenheit geraten sind. Doch was fängt man mit kistenweise leicht dreckiger Wollklumpen, die zum Verfilzen neigen, an? Auch das will gelernt sein. Zerpflücken macht den Anfang. So muss die Wolle sofort nach der Schur sortiert werden, heißt die schmutzige Bauch-Beine-Po-Wolle wird aussortiert und landet entweder im Garten oder wird gesammelt zum Düngepellethersteller geschickt. Einhundert Kilogramm Mindestgewicht eingeschickter Wolle läppern sich zu einer beachtlichen Menge. Die alte Bauernregel besagt schließlich: „Horn und Haar düngt sieben Jahr!"

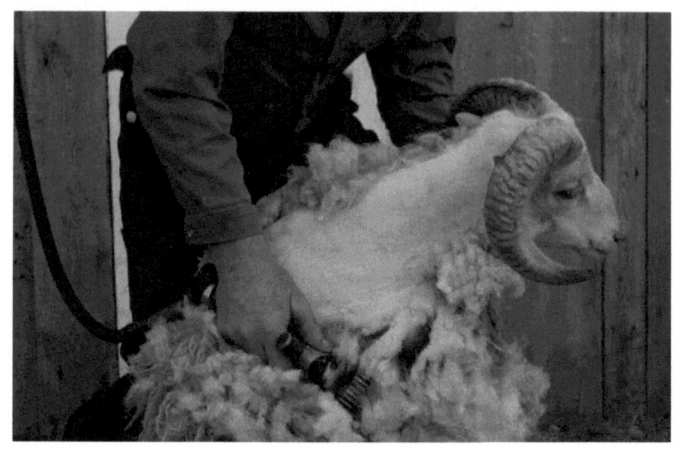

Träumer beim Schaffrieseur!

Die „Arschwolle" bekommt man sowieso kaum sauber. Die restlichen Vliese werden, in Kisten verpackt, ins Lager geschafft, um sie bei warmen Frühlingswetter auf dem Dach auszubreiten. Dieser Teil wandert weit aufgefächert in die Sonne um die Restfeuchtigkeit zu reduzieren, es soll ja schließlich nicht schimmeln. Die schönsten Löckchen der „sauberen" Wolle verwenden wir als ungewaschene Rohwolle zum Filzen (z.B. für unsere Sitzfellchen). Der Rest wartet bis zum Winter auf seine Weiterverarbeitung, denn während der Saison fehlt uns einfach die Zeit dafür. Ist dann der Winter gekommen, wird die Wolle Stück für Stück gewaschen. Entweder auf Gittern ausgebreitet vom Regen (was seeeeehr lange dauert) oder in einem alten Wecktopf mit Wollseife und Wasser. An der Rotte, also Fermentation, in meinen Worten „vergammeln", haben wir uns auch versucht, fanden es aber unglaublich eklig. Es verbrauchte zudem viel zu viel Wasser diesen Ekelfaktor raus zu waschen (auf der Farm haben wir ja nur Regenwasser und solche Sauereien kann man nur auf der Farm machen, da es schlimmer stinkt als Brennesseljauche!) Spülen, Waschen, Spülen, Waschen, Spülen, Waschen...

Dieser ganzen Vorarbeit folgt nach dem Trocknen das Rupfen, wofür wir extra ein Gerät, den Wollpicker, angeschafft haben. Da wird die Wolle unten rein gestopft, die Wiege per Hand bedient und hinten kommen lockere Wollflöckchen wieder raus. Natürlich kann man das auch per Hand machen, es geht aber (ab einer gewissen Menge) deutlich schneller mit dem Picker. Die nun schön aufgelockerte Wolle kann jetzt kardiert werden. Eine manuelle Kardiermaschine kämmt die Wolle und richtet die Fasern halbwegs gleichmäßig aus. Dabei werden zudem letzte Verschmutzungen und Knötchen entfernt. Heraus kommt ein schönes Kardenband, auch Wollblatt genannt. Verwendbar ist dies nun entweder zum Filzen oder um einen Faden daraus zu spinnen.

Ihr seht, allein schon die Vorbereitung der Wolle erfordert Einiges an Wissen und Material. Zum Spinnen braucht Frau dann wiederum ein Spinnrad (welches ich ihr als angetrauter Ehemann mit Freude zu Weihnachten schenkte) oder eine Handspindel und jemandem, der es einem erklärt. Klar kann man sich heutzutage mit Youtube behelfen. Aber einen direkten Ansprechpartner zu haben, der einen auf Fehler hinweist oder Fragen beantwortet, kann das Internet nicht bieten. Wir hatten dafür unsere liebe Spinnerin Inge, die uns mit ihrem lebenslangen Erfahrungsschatz zur Seite stand und bei uns mit uns Spinnkurse durchführte. Danke liebe Inge! Das Gleiche gilt beim Filzen, vor allem wenn Frau etwas kompliziertere Dinge, wie z.B. Kleidung, anfertigen möchte. Dafür hat Ildi extra einen Kurs in Regensburg besucht und dort gelernt eine Weste zu filzen. Ganz ehrlich: ohne die Anleitung der Filzkünstlerin hätte sie das niemals hinbekommen! Allein schon die Festlegung des Schnittes ist eine Wissenschaft für sich. Dann die Schrumpfeigenschaften der verschiedenen Wollarten und wie sich Wolle im Filzprozess in ihren Eigenschaften verändert – viel Fachwissen und Können, was meine Schöne erstmal lernen musste! Es war auf jeden Fall ein sehr spannender Kurs und heraus gekommen ist eine ganz tolle Weste.

Nun dreht sich das Logik-Rad der Selbstversorgung immer weiter. Will man nämlich wirklich alles selber machen (gerade Klamotten selbst herzustellen) braucht es unbedingt die passende Seife.... Allein schon nach intensiver Arbeit und viel Körperkontakt mit den Schafen braucht Frau (ja, auch der olfende Mann) ordentlich viel Reinigungsmittel. Nicht, dass mir der Geruch unangenehm wäre, im Gegenteil wir lieben ihn! Aber zahlreiche Stadtnasen haben dann doch ein kleines Problem mit dem bleibenden olfaktorischen Eindruck. Das merken wir schon, wenn wir nach der Farm in Arbeitsklamotte noch schnell beim Fressnapf rein schauen, um Fluff und Keule, unsere Hunde, mit Kaustängchen zu beglücken. Ich denke mal, mittlerweile haben sich die Verkäuferinnen an uns und unser dauerhaftes Schafstallparfum gewöhnt, doch von anderen Kunden ernten wir oft genug verstörte Blicke und gerunzelte Nasen. Aber so ist das nun mal als CityFarmer, City und Farm harmonieren nicht immer perfekt. Aber wieder zurück zur guten Seife. Zum Wollewaschen und Filzen benötige wir Saponine, am besten welche, die Woll-Fasern und unsere Haut schonen. Klar kann man Kernseife im Supermarkt kaufen (greift aber die Haut arg an) oder schweineteure Spezialseife im Fachhandel. Andererseits – ihr erratet es sicher schon – Wir machen sie selbst.

Es war einfach logisch, endlich das Seifenmacherhandwerk zu erlernen. Da hier aber mit gefährlichen Substanzen gearbeitet wird, kam „try and error" nicht in Frage. Daher besuchte Ildi einen Seifenkurs in Bobingen bei „Biancas wilder Kräuterei." Im Gegensatz zu früher (Seife wurde aus Tierfett und Pottasche hergestellt) verwenden wir heute pflanzliche Öle und Fette für unsere Seifen. Allerdings ist das regionale Angebot an den benötigten Ölen sehr begrenzt, sodass spezielle Öle und Fette aus entfernteren Gegenden beschafft werden müssen. Selbst wenn meine Liebste dabei auf Bio und Fairtrade achtet, ist der ökologische Fußabdruck unserer Seife alleine deswegen nicht mehr der Beste. Dann doch wieder Tierfett und Pottasche? Lieber nicht, das halten selbst die CityFarmer für eklig und wir sind hart im Nehmen. Oder doch einfach eine kaufen? Nein, es geht ja ums Erlernen des Selbstmach-Handwerk, denn an der gekauften Ware haftet der gleiche Makel wie an der Hausgemachten: Bei unserer Eigenen wissen wir zumindest was drin ist. Bei gekaufter Seife gleicht die Liste der Inhaltsstoffe einer Vorlesung in Chemie, außerdem kann man beim Selbermachen die Rückfettung steuern und die Seife nach individuellem Geschmack färben oder mit Kräutern und Duftwässerchen bestücken. Es gehört schon etwas Fingerspitzengefühl und eine gute Schutzausrüstung dazu, qualitativ hochwertige Seife herzustellen. Temperaturen müssen beachtet und Reifezeiten eingehalten werden, doch ist das Ergebnis schlichtweg fantastisch! Sie sehen also liebe Leser die Wollschöpfungskette will einfach kein Ende nehmen. Mit unseren Lernbemühungen haben wir damit erst den Anfang gemacht.

Weiterbildungen und Kurse werden wir für alle der sechs elementaren Lebensbereiche auch weiterhin besuchen. Diese umfassen „Dinking/Eating, Housing, Clothing, Energy, Healthcare und Mobility" und stellen die Basis menschenwürdigen Lebens. Die damit verbundenen, alltäglichen Notwendigkeiten sollten möglichst vielfältig abgedeckt sein, um zumindest ein Quäntchen Unabhängigkeit zu erreichen.

Es beginnt bei einer breit gestreuten Nutzpflanzen Auswahl, geht weiter über das notwendige Know How zumindest Fahrräder instand zu halten und endet im selbst gebauten Eigenheim. Was macht also ein gutes Subsistenz-Projekt aus? Er gleicht einem fleißigen Tausendfüßler! Geht ein Beinchen beim Arbeiten kaputt halten das Krabbeltier die anderen 999 Beinchen trotzdem auf Kurs.

Branding Promotion und andere wirre Dinge

Im Verlauf der Zeit haben wir, zumindest in der Region Augsburg, eine gewisse Bekanntheit erlangt. Eine ganze Litanei an Zeitungsartikeln, drehte sich rund um die CityFarm und unsere Bemühungen für eine lebenswerte Zukunft.

Das Fernsehen ist zu Besuch

Mal kam das Radio für ein Interview zur Beweidung derUni-Heide, mal fanden neugierige Reporter ihren Weg zu uns, da eines unserer Feste deren Aufmerksamkeit erregt hatte.

Ärgerlich wurde es erst, als wir von Berichten über Veranstaltungen, die bei uns angeblich stattfinden sollen, so gar nichts wussten. Ein regionales Käseblatt veröffentlichte ungefragt und „aus Versehen" falsche Daten, die zu einem ungeplanten, um eine Woche vorverlegten Ansturm, auf unser Gelände führten. Hatte man uns vorher gefragt ob wir das überhaupt wollen? NEIN! Auf Nachfrage beim verantwortlichen Redakteur kam prompt das Argument: „Ihr seid Personen des öffentlichen Lebens, da müsst ihr Artikel über euch tolerieren!"

Schicke Saatgutausstellung!

Das war es dann gewesen mit unserem beschaulichen Wochenende bei Freunden! Stundenlang hatten wir zähneknirschend die Ehre aufgebrachte Gruppen herumzuführen und uns die Unmutsbekundungen enttäuschter Besucher anzuhören.

Es geht aber noch schlimmer! Zur Saatguttauschbörse 2019 zum Beispiel veröffentlichte die auflagenstärkste Lokalzeitung einen Artikel in der Wochenendausgabe über unsere Bemühungen Saatgut vor dem Aussterben zu bewahren, selbstverständlich mit dem Verweis auf unser beschauliches Festchen. Nur war diese plötzliche und immense Aufmerksamkeit für uns wenig hilfreich. In der Folge wurden aus 250 erwarteten Gästen kurzerhand gefühlte Tausend. Innerhalb einer Stunde waren alle Getränke leer, das aufwendig geplante Buffet geräubert, die Wiese zu einem matschigen Acker zertrampelt und die Komposttoilette zum Bersten gefüllt. In weiterer Konsequenz durfte ich mich außerdem mit dem Ordnungsamt, der Polizei, dem Sicherheitsbeauftragten der Stadt und zugeparkten Anwohnern auseinandersetzen. Von einer Anzeige wegen „Nichteinhaltung der Versammlungstättenverordnung" konnten die Staatsdiener noch einmal absehen, da wir weder Alkohol Ausschank, noch ein Unterhaltungsangebot, wie eine Band hatten.

Uns war das trotzdem eine Lehre. Öffentlichkeitsarbeit ist eine Notwendigkeit und birgt außergewöhnliches Potenzial, doch gibt es ein „Zu-viel-des-Guten"! Dies zeigte uns auch ein weiteres Medien-Intermezzo. Dieses Mal mit den öffentlich-rechtlichen Fernsehen. Die Drehtage mit dem netten Kamerateam waren schnell vorüber. Es kam bald der Tag der Ausstrahlung. Nun saßen aber nicht nur Familie und Freunde gebannt vor dem Fernseher, sondern auch Heerscharen von Kindern mit ihren Eltern. In einer Schule, die ich als „Umweltbildungsakteur" betreute, war durchgesickert, dass der „Herr Voooooogt" im Fernsehen zu sehen sei. Ein unachtsamer Lehrerkollege hatte mich verraten. Während ich also am folgenden Morgen in die voll besetzte Aula mit einem schwer bepackten Bollerwagen im Schlepptau schlendere, setzt erst Getuschel ein, dann wandten sich mir hunderte Gesichter zu. Plötzlich brandete spontaner Applaus auf.

Ich wäre am liebsten im Boden versunken. Diese Form der Aufmerksamkeit kann sich sehr peinlich anfühlen. Dank meines Gepäcks aus Werkzeug und Vogel-Haus-Bausätzen kam nicht einmal eine Flucht ins Lehrerzimmer in Frage. Von diesem Zeitpunkt an war für mindestens eine Woche an ein geregeltes Arbeiten kaum mehr zu denken. Die neugierigen Kinder löcherten mich unentwegt mit Fragen. Selbst mit einer klaren „lasst mich damit in Ruhe" Reaktion waren die Knirpse nicht zu stoppen. Zu groß war der Drang, der „Berühmtheit" etwas Aufmerksamkeit abzuringen.

In meiner Wirkungsstätte endete die kurzfristige und unfreiwillige Inbeschlagnahme nur nicht. An der Tankstelle, im Kaffee, ja selbst privat bei uns Zuhause traf man auf spontane Befragungen etwa durch die achtzigjährige Nachbarin. Nach dieser leidlichen Erfahrung verhängten wir zunächst einen „Presse-Stopp". Wie sollten wir damit umgehen? Die vielen Anrufe? Der „Spam" mit meist belanglosen E-Mails, die oft für uns wichtige Informationen einfach in der Masse untergehen ließen. Autogramme beim gemütlichen Plausch auf dem Rathausplatz, die äußerst penetrant eingefordert, zum Ärgernis wurden? Der nicht nachlassen wollende Ansturm auf das Gelände der CityFarm. An ein geregeltes Arbeiten war nicht mehr zu denken. Sogar die Tiere litten darunter, weswegen wir gezwungen waren unsere Öffnungszeiten ganz strikt durchzusetzen.

Saatgutkunst!

Das betraf unser ganz eigenes, privates Leben! Wir beschlossen die Füße still zu halten. Mit den Worten „Danke, aber: Nein-Danke!" nahmen wir Abstand von Zeitung, Radio und Fernsehen. Die CityFarm Augsburg ist eine ehrenamtlich betriebener, gemeinnütziger Mini- Bauernhof, der eine Subsistenzwirtschaft erprobt. Jeder von den Aktiven Farmern geht nebenher ganz normal Arbeiten. Was sagt es uns, wenn unsere Ehrenamtlichen in Deckung gehen, weil es heißt „Die Presse kommt?" Was meistens bedeutet: Unsere freiwilligen Helfer kommen schlichtweg nicht!

Die Frage aller Fragen ist doch: Was ist denn letztendlich wichtig? Das Wohl der Tiere und der Garten! Alles andere kann warten!

Coronale Disfunktion

Im frisch angebrochenen Jahrzehnt der Zweitausendzwanzigerjahre traten wir einer Bedrohung entgegen, die tückischer nicht hätte sein können. Unsichtbar, schleichend hinterließ dieser „Feind" bereits Mitte März riesige Krater im „sozialen Netz" der CityFarm. Alles was unseren Laden ausmacht, das Menschliche, das gesellige Miteinander und die gemeinschaftlichen Arbeitseinsätze wurden uns mir nichts dir nichts verboten.

Keine Arbeit… Schulgarten muss ausfallen!

Bin ich doch eher ein Freund „Zivilen-Ungehorsams„ setzten uns die angedrohten Vereinsstrafen von tausenden Euro so unter Druck, dass wir unser Gelände systematisch abzuriegeln hatten. Veranstalteten wir noch unter „schärfsten Hygienebedingungen" unsere Saatguttauschbörse, die wahrlich ein voller Erfolg war, kam binnen Wochenfrist der Shutdown. Unseren Gemeinschaftshof stellte Covid 19 somit vor ein gigantisches Dilemma im doppelten Sinne. Zum einen durften uns Helfer und Aktive nicht mehr unter die Arme greifen, zum anderen schwebte das immerwährend absturzgefährdete Damoklesschwert über den „Chefs" selbst in Quarantäne zu müssen.

Hatte mir die Pandemie bereits Job und Einkommen weitestgehend geraubt, kamen nun die ersten positiv auf Corona getesteten Schüler hinzu. Die Rektorin einer von mir als Umweltbildungsexperte betreuten Schule saß bereits eingesperrt Zuhause. Mein Problem: Mit jeder einzelnen Klasse und somit mit jedem einzelnen Schüler dieser Bildungseinrichtung hatte ich altersangepasste Naturschutzprodukte gehandwerkert. Alleine deshalb wurde ich mehrmals genötigt mich testen zu lassen. Die folgende freiwillige Isolation versteht sich von selbst. Was wäre aber wenn wir wirklich über Wochen im trauten Heim „kaserniert" worden wären? Unsere Tierchen verhungern zu lassen, stand niemals zur Option!

Mit Hochdruck nutze ich daher die plötzlichen angefallene „Freizeit", um die vermeintlich Zuständigen im Amt mit einer Flut von Anrufen und E-Mails zu überziehen. Weder

der Hygienebeauftragter der Stadt, noch die Mitarbeiter des Gesundheitsamtes waren in der Lage verlässliche Aussagen zu treffen. Ich glaube keiner traute sich, mangels klarer Regeln, uns eine Zu- oder Absage zu erteilen. Nachdem niemand mir bei der Frage, ob ich die Quarantäne auf der CityFarm absitzen durfte, weiterhelfen konnte, quälte ich mich die Instanzen nach oben. Letztendlich landete ich mit unserem Dilemma sogar beim Landesbeauftragten. Während des Telefonats mit der höchsten Stelle deuchte mir, dass uns ein längerer Entscheidungsprozess ins Haus stand. Freundlich, aber bestimmt erklärte der Herr, wir wären ein Präzedenzfall, weswegen wir uns gedulden müssten. Dies ging aber massiv gegen unsere Interessen. Weil sowohl das Wohl unserer Tiere, als auch ein nicht geringer Teil unserer Existenz, an einer klaren Regelung hing, blieb ich dran! Anruf um Anruf nötigte ich die Staatsbediensteten eine Entscheidung zu fällen.

Diese Hartnäckigkeit zahlte sich in viel kürzerer Zeit aus als wir angenommen hatten. War ich noch im Sekretariat des Entscheidungsträgers gescheitert, stellte mich die nette Sekretärin noch am selbigen Nachmittag zu ihrem Chef durch. Mit ihr hatte ich mindestens fünf Mal ausgiebig geschwatzt. Sie kannte unsere verzweifelte Situation, wir Ihre. Im Gespräch mit dem Verantwortlichen rutschte mir zunächst das Herz in die Hose. Es fielen Stichwörter wie Sonderfall und absolute Ausnahmeregelung, mit dem Hinweis, dass wir (im Falle, dass...) auf KEINEN FALL unsere „Ehrenamtlichen" Zugang zu unserem „Betriebsgelände" gewähren dürften. Egal ob die Quarantäne käme oder nicht, wir benötigten einen Plan B! Auch für uns würden die vollen Strafen gelten. Insgeheim lachte ich mir (mit einem weinenden und einem lachenden Auge) ins Fäustchen. Das hieß, dass mein geliebtes Eheweib und meine Wenigkeit über Wochen ALLEINE alle anfallenden Arbeiten auf der Farm zu bewältigen hatten.

Auf staatliche Anordnung hin war das der Freifahrtschein, dauerhaft aufeinander zu glucken. Mein heimlicher Traum wurde wahr. Zunächst wäre noch der Plan gewesen, dass Ildi in unserer Wohnung eine etwaige Isolation begehen würde, da die hauptsächliche Gefährdung durch meine Tätigkeit in der Schule ausging. Schnell wurde aber klar dass diese Form der Trennung nicht zustande käme. Wie in unseren Anfängen auf der Alm hätten wir nur uns und unsere Tiere. Kein Strom oder fließend Wasser. Emsig begann meine Liebste Vorkehrungen zu treffen, Vorräte aufzustocken und die Farm für den Fall der Fälle heimelig herzurichten. Da im Garten noch nicht wirklich viel wuchs, hauptsächlich mangels Sonnenwärme, würden wir uns auf eingeweckte Nahrungsmittel verlassen. Wenn wir im Herbst eine passable Ernte einfahren wollten, war es nun auch an der Zeit sich die Finger wund zu ackern. Nicht umsonst lautet eine alte Bauernregel: „Arbeit im März bringt Ernte im Herbst!" Aufschollen, je nach Kultur Kompost oder Mist aufbringen, um das duftende Gemisch anschließend einzufräßen. Das was auf der Farm sonst ein Dutzend Arbeitswillige stemmten, blieb weitestgehend an mir alleine hängen. Das gute Herz meiner Ehefrau in Kopplung mit der Coronalen Disfunktion eines kirchlichen Trägers nahm skurrile Züge an. Zusätzlich zu ihrem eigenen Arbeitspensum bestritt meine fleißige Liebste in einer Gärtnerei mit der wir seit längerem kooperierten, die kolossal arbeitsreiche Jungpflanzenanzucht. Keiner der sonst dort arbeitenden (meist verhaltensauffälligen) Jugendlichen durfte mehr das Betriebsgelände betreten. Zig tausend Kräuterstecklinge, Babytomaten und Blümchen galt es zu hegen und zu pflegen, damit später der Verkauf der grünen Ware im betriebseigenen Laden vonstattengehen konnte. Unsere eigenen Gemüsebabys gingen in der schieren Masse beinahe unter.

Tausende Gemüsebabies!

Wohl bemerkt unentgeltlich stellte sich die umtriebige Farmerin Tag für Tag, nach ihrer eigentlichen Arbeit, ins brütend heiße Gewächshaus und half so dabei den Untergang der Gärtnerei zu verhindern. Abend für Abend kam sie deswegen völlig fertig nach Hause. Zwischenzeitlich war ich deswegen sogar schon ein wenig sauer. Von trauter Corona-Zweisamkeit war wenig zu spüren. Und was erhielten wir aber als Dank für ihren Einsatz? Den Rausschmiss! Zwar durften wir unsere eigenen chlorophyllhaltigen Zöglinge noch an den Mann bringen, doch würde unsere Ecke im Folgejahr anderweitig vergeben. (Höchstwarscheinlich als Kieslager) Ich will nicht verhehlen, dass mir, nach wochenlangem Verzicht auf meine Liebste, aufgrund dieser Nachricht die Galle kochte. Um Ildi für die Mithilfe in besagtem Ausbildungsbetrieb rauszuhalten, habe ich mir die Beine ausgerissen, alle Bodenarbeiten selbst erledigt und dann erreichte mich diese perfide Entscheidung der oberen Chefetage! „Undank ist der Welten lohn!", wie Ludwig Bechstein so schön schrieb, trotz, dass wir viel Geld in die Kassen dieses Betriebes spülten, da sich die meisten Abholer noch mit weiterer Gartenbedarf eindeckten.

Das „an den Mann bringen" gestaltete sich zudem weit arbeitsintensiver als gedacht. Jungpflanzentauschbörse durften wir keine veranstalten. Somit war die einzige Option einen kontaktlosen Liefer- und Abholservice aus dem Boden zu stampfen. Solch ein Unterfangen fordert aber mehr als nur gärtnerisches Können. Da hätte ein BWL Studium nicht geschadet. Stunde um Stunde schlug sich Ildi mit Zahlungsmodalitäten, langen Adresslisten, Lieferrouten und hunderten zu beantwortenden E-Mails um die Ohren. Nicht nur, dass wir unseren spendenbasierten Lieferservice am Laufen halten mussten, auch die Vor-Ort-Präsenz um die einzelnen Bestellungen zu kommissionieren war unerlässlich. Von Freizeit, trotz vermeintlicher „Arbeitslosigkeit" keine

Spur. Letztendlich brachten wir dieses Intermezzo zu einem gelungenem Abschluss, ohne weiteres böses Blut aufkommen zu lassen.

Corona hatte aber noch weitere Folgen: In diesen Tagen erreichte mich ein drängender Hilferuf zweier Bienenhalter. Unter dem Motto, „Friss oder stirb!" übereignete man mir einen ganzen Satz Bienenvölker. Das wiederholte sich zwei Wochen später sogar von andere Seite. Zugegeben, der Gegenwert des geschenkten Imkereibedarfs überstieg die tausend Euro Marke (was mehrfach betonte wurde), nur wog das, dank mangelnder Pflege verursachte Tier Leid, definitiv schwerer. Ich will nicht undankbar erscheinen, wenn ich aber daran denke kann ich meine Wut immer noch kaum im Zaum halten.

Das Hauptargument von beiden Anfragen war, dass die fleißigen Immen unverhältnismäßig viel stechen würden. Zudem sei der Honigertrag kläglich gewesen und die Arbeit zu schwer. Hallo? Wir reden vom alten Handwerk der Imkerei? Was sollen die Tierchen anderes machen, außer stechen, werden ihnen das letzte bisschen Futterreserve geklaut wird? Das ist wie wenn man dem Auto die Schuld für ein in den Graben gefahrenen Karren gibt. Niemals die Verantwortlichkeit bei sich selbst suchen. Ich würde als Biene auch stechen, hätte ich das mitgemacht was diese Leute den possierlichen Flugkünstlern angetan haben. Aufgrund einer unüberbrückbaren räumlichen Distanz hatte die eine Partei seit dem Herbst keinen Gedanken mehr an ihre Schutzbefohlenen verschwendet, geschweige denn sie gefüttert oder die gesetzlich vorgeschrieben Behandlung gegen die Varroa Milbe durchgeführt.

So sehen gesunde Bienen aus!

Bei der ersten Sichtung meines neuen Harems traf mich beinahe der Schlag. Der imkerische Supergau, wie er schlimmer nicht sein konnte, offenbarte sich mir. Zwei

Völker waren bereits eingegangen und nur ein faulig stinkendes Heer der toten Mädels klebte als gespinnstverklebter Teppich am Grund der Wachsmotten zerfressenen Überbleibsel. Auf einen wagen Verdacht hin, hauptsächlich weil die Beuten erschreckend leicht waren, zog ich einige Waben aus den überdimensionalen Pressspahn-Beuten. Alles voller pechschwarzer Uraltwaben in denen kein Fitzelchen Honig oder Pollen eingelagert war. Den Überlebenden Völkern war es zwar jeweils gelungen zumindest eine halbe Wabe Brut aufzuziehen, doch schien definitiv etwas mit den umtriebigen Bestäubern nicht zu stimmen.

Bei genauerem Hinsehen entdeckte meine Äuglein etliche verkrüppelte Bienen. Deformierte Flügel, eingedellte Hinterleibe und auch hier Massen toter Bienen. Ich öffnete einige bereits verdeckelte Baby-Bienen. Aus ihrer wächsernen Behausung krabbelten umgehend sowohl gelbliche als auch braun-rote Pünktchen. Wie ich vermutet hatte. Ein halbes Dutzend Varroa Destructor tanzten Cha-Cha-Cha auf dem Nachwuchs. Viele andere Imker hätten bei diesem Anblick den Deckel wieder aufgesetzt, Schwefelstreifen gezückt und dem Bien den Todesstoß versetzt. Nicht so der Herr Vogt von der CityFarm Augsburg. Ich will Sie hier nicht mit imkerischen Details langweilen, doch die Rekonvaleszenz dieser Amazonen verwandelte die gesamte CityFarm kurzzeitig in eine Hoch-Risiko-Bienenstich-Zone. Vor dem Verhungern stehende Bienenvölker setzen alles daran ihre kläglichen Nahrungsreserven zu verteidigen und tragen eine Stechlustigkeit in sich, die sich erst nach Wochen des

Fütterns und Hätschelns legt. Im Stock schonen sie sich zwar, stellen viele Tätigkeiten ein und töten bei Futtermangel sogar ihre eigenen Nachkommen doch außerhalb ihrer Heimstätte gibt es kein Pardon.

Frisches Wachs, genügend Nachkommen, überquellende Nahrungsreserven und ein blitze blank geputztes Zuhause sind Grundbedingungen für eine ausgeglichene Biene. Erst muss alles erledigt sein, dann kann entspannt werden, denn auch die Immen wollen ab und an schlafen. Mir ist es am Liebsten wenn die Damen einen sauberen Honigkranz um ihre Brutnester haben, denn dann sind sie zumeist rundum glücklich. Honig-Ertrags-Imker versuchen genau dies zu verhindern, sodass die armen Bienchen glauben, sie hätten zu wenig zu essen wodurch sie wie die Irren ausfliegen, um Nektar zu sammeln. Dass die Mädels durch dieses Verfahren alle anderen anfallenden Arbeiten schleifen lassen, leicht erkranken und unsauber sind, spielt im Tausch für eine gute Honigernte anscheinend keine Rolle.

Genau mit diesem „gereizte Biene Phänomen", unglücklicherweise in seiner extremsten Form, hatten wir für eine ganze Weile zu kämpfen. Angriffe beim Jäten, Stiche beim Kompost schaufeln und summende Giftbombenschwadrone bei der wöchentlichen Raubtierfütterung waren die Folge. Am Zaun nahe den Bienenstöcken, über den neugierige Städter zuhauf ihre Nase steckten, musste ich sogar ein „Achtung Stechgefahr!" Schild installieren. Zur Erklärung: Unser angrenzendes, sonst sehr beschauliches Naherholungsgebiet wurde während des Lockdowns geradezu überrannt. Binnen Wochenfrist waren alle Flyer am Eingang der CityFarm vergriffen. Die Spaziergänger wären (bis auf den täglichen Hindernisparcour von und zur Farm) weniger das Problem gewesen. Doch die angrenzenden Freiflächen wurden von Picknick machenden Familien, feierwütigen Jugendlichen und Nackedeis belagert. Da besagte Freiflächen gleichzeitig die Weiden für unsere Schafe waren, ergab sich daraus eine Interessenskonflikt. Nicht, dass es am Platz gemangelt hätte. Ganz im Gegenteil! Wir achten darauf, dass immer genug unbeweidete Flächen zum Abhängen zur Verfügung standen, ABER: Die Hinterlassenschaften der „Naturliebhaber" brachten uns an den Rand der Verzweiflung. Der Müll stapelte sich in den Biotopen! Hunde verletzten sich an herumliegenden Glasscherben, Igel erstickten qualvoll in liegen gelassenen Pappbechern.

In regelmäßigen Abständen waren wir gezwungen das Chaos zu beseitigen. Schubkarrenweise! Wie kann man so sein? Sind diese Leute in ihren Wohnungen genauso und lassen ihren Dreck einfach an Ort und Stelle liegen? Wirklich etwas daran zu verändern, außer hinterherzuräumen, konnten wir nicht machen. Jedenfalls beruhigten sich nach und nach die Bienchen genauso wie die Corona-Situation. Nach Beendigung des Lockdowns durften wir endlich wieder Besucher empfangen. Durch klare Absprachen wurde ein „Doppelbelegung" der Farm effektiv verhindert. Unsere erholungssuchenden Ehrenamtlichen konnten wie gewohnt ungestört die „Ruhe" der CityFarm genießen. Der Corona Feind war zwar nicht besiegt, doch hatten wir zumindest die erste Schlacht mit nur leichten Blessuren überstanden.

Abgesang

Wir werden immer wieder gefragt ob man denn von der Cityfarmerei leben kann. Für die Meisten ist „leben" aber gleichgesetzt mit „Geld verdienen"! Um es klar zu stellen: Mit der CityFarm verdienen wir keinen müden Heller! Alleine schon weil Konzessionen, um Dinge verkaufen zu dürfen, sündhaft teuer sind! Als gemeinnütziger Verein ist es uns nicht einmal erlaubt Gewinne zu machen, die wir nicht wieder standepedes für den Verein ausgeben. Den Laden zu versilbern ist also keine Option, was bedeutet weiter zur Geld-Erwerbs-Arbeit zu schlappen!

Leben lässt es sich aber von und mit der CityFarm ausgezeichnet. Wir produzieren eigene hoch-veredelte Lebensmittel, die gegen Mitarbeit vertauscht werden. In Beweidungsprojekten setzen wir uns für extensive Bewirtschaftsformen von Heideflächen ein. Saatgut, das vom Aussterben bedroht, ein Nieschendasein fristet, verhelfen wir gezielt zu neuem Ansehen. Die Imkerei betreiben wir zum Arterhalt und nicht zur Honiggewinnung mit bewusster Rücksichtnahme auf die Wildbienen, den eigentlich gefährdeten Hautflüglern. Dies alles wird auch endlich honoriert! Vom „Deutschen Nachhaltigkeitspreis" über die Aufnahme in die „UN Decade biologische Vielfalt" bis zum möchtegern Vorzeigeprojekt diverser Bundespolitiker reicht das Spektrum. Selbstverständlich hat in einer „Bildungseinrichtung" Politik nichts zu suchen und wir verwehren uns gegen „hohen Besuch" gerade im Wahlkampf. Sie sehen also, liebe Leser, von Seiten der Obrigkeit schlägt uns kaum noch Gegenwind entgegen, ganz im Gegenteil. Für mich persönlich bedeutet die CityFarm ein Stückchen Freiheit, plus eine im wörtlichen Sinne, Sinn stiftende Tätigkeit. Alleine die vielen interessanten Vier- und Zweibeiner die wir im Verlaufe der Jahre kennenlernen durften, sind ein wahrer Schatz den ich ein Leben lang im Herzen tragen werde. Menschen allen Alters, Hautfarbe, Religion und Weltanschauung sind willkommen! Der wahre Segen unseres Minnibauernhofs!

Selbst in Zeiten von Corona hält unsere Gemeinschaft zusammen und unsere Unterstützer werden nicht müde die CityFarm im Bestreben für ein lebenswerteres Miteinander zu bestärken. Letztendlich kämpfen wir doch alle nur um die Zukunft unserer Kinder, die wir leider nachhaltig durch unsere Lebensweise bedrohen! Die CityFarmer unternehmen zumindest den Versuch eine Veränderung herbeizuführen, frei nach dem Leitspruch: „Weniger ist mehr und das für Alle!"